Comment pensent les hommes

SHAWN T. SMITH, PSY.D.

Comment pensent les hommes

Amour, la pensée masculine et l'engagement

Traduit par Claire Laberge

BÉLIVEAU
éditeur

L'édition originale de cet ouvrage a été publiée sous le titre
THE WOMAN'S GUIDE TO HOW MEN THINK
© 2013, New Harbinger Publications (É.-U.)
ISBN 978-1-60882-789-3

Conception de la couverture : Jean-Françcois Szakacs

Dépôt légal : 1er trimestre 2016
Bibliothèque et Archives nationales du Québec
Bibliothèque et Archives Canada

ISBN : 978-2-89092-766-7
ISBN Epub : 978-2-89092-767-4

BÉLIVEAU éditeur
80, rue de Montmagny
Boucherville (Québec) Canada J4B 4J2
Téléphone : 450 679-1933

www.beliveauediteur.com
admin@beliveauediteur.com

Gouvernement du Québec – Programme de crédit d'impôt pour l'édition de livres – Gestion SODEC – www.sodec.gouv.qc.ca.

Nous reconnaissons l'aide financière du gouvernement du Canada par l'entremise du Fonds du livre du Canada pour nos activités d'édition.

IMPRIMÉ AU CANADA

Table des matières

2E PARTIE

POURQUOI LES HOMMES N'ONT-ILS SIMPLEMENT PAS DE BON SENS PARFOIS

3E PARTIE

COMMENT PARLER L'HOMMAIS

Remerciements

Ces quelques mots de gratitude ne suffisent pas pour traduire toute l'aide et le soutien que d'autres ont apportés à ce livre.

J'adresse des remerciements infinis à Melissa Kirk et à tous les merveilleux professionnels de New Harbinger qui ont donné vie à l'édition originale de cet ouvrage, en anglais, et à Jasmine Star pour sa révision impeccable. Aux centaines d'hommes et de femmes qui ont fait anonymement part de leurs idées durant la rédaction de ce livre, je vous remercie de votre sagesse.

Je remercie particulièrement mes amis qui ont traversé le premier jet et m'ont offert d'inestimables commentaires: Russ Harris, Veronica Hoegler, Jonathan Lipson, Stephanie Marsh, Michelle Skeen et Valerie Wickwar-Svoboda.

Et, par-dessus tout, mon amour et ma gratitude à Tracy et Jordan. Sans vous, ma vie et mon travail seraient vides.

Introduction

J'ai connu un homme – appelons-le Mike – qui a involontairement causé beaucoup d'angoisse à sa femme. Il était bien intentionné, mais parfois, les bonnes intentions produisent de mauvais résultats.

Le problème a débuté un mardi après-midi, lorsque Mike a appris que son employeur allait bientôt réduire ses effectifs. Étant l'un des employés récemment embauchés, il craignait que son emploi ne soit menacé.

Mike s'est confié à un ami, mais il a par ailleurs gardé ses inquiétudes pour lui. Il n'a pas fait part de ses craintes à sa femme, Amy. Il a plutôt commencé une recherche d'emploi dans l'espoir d'en dénicher un nouveau avant de perdre son emploi actuel. Il voulait éviter à Amy de s'inquiéter à propos de leur revenu.

Vous devinez sans doute ce qui s'est passé. Mike a perdu son emploi et l'a caché à Amy. Quand elle croyait qu'il était au travail, il *cherchait* en fait un emploi. Il a également passé une bonne partie de son temps dans les bars à essayer de noyer son anxiété.

Amy soupçonnait un problème parce que Mike semblait préoccupé et qu'elle avait remarqué son haleine d'alcool les jours de semaine. Elle a finalement insisté qu'il lui réponde lorsqu'elle a reçu un avis de retard de paiement de la voiture.

Ce n'est qu'à ce moment que Mike a avoué la vérité à Amy. Il n'avait pas touché de salaire depuis des semaines et leurs paiements commençaient à être en souffrance.

Amy était en colère, mais pour des raisons imprévues et pour le moins incompréhensibles pour Mike. Il s'était surtout efforcé de maintenir leur survie financièrement et de protéger Amy de l'anxiété. Mais elle s'inquiétait plutôt pour leur relation.

De son point de vue, leur problème financier était transitoire, mais leur relation était irremplaçable. Mike aurait dû lui faire assez confiance pour se confier à elle. D'ailleurs, lui a-t-elle dit, elle aurait pu facilement aider à contrer le manque à gagner s'il l'avait prévenue. Il invoquait pour sa défense qu'il essayait seulement d'être un bon pourvoyeur.

Mike s'est précipité dehors ce soir-là avant la fin de la conversation. Il semblait fâché, mais à l'intérieur de lui – et pour des raisons qu'il ne pouvait pas encore exprimer à l'époque – il se sentait blessé.

Ce genre de situation peut causer la dissolution d'une relation, mais ne vous en faites pas pour Amy et Mike. Leur histoire a bien fini, et j'y reviendrai bientôt.

UN LIVRE SUR LES HOMMES BIEN

Qu'est-ce qui fait qu'un homme bien intentionné comme Mike se désengage de la relation quand survient un problème, plutôt que de demander l'aide de sa partenaire? Et dans le même ordre d'idées, qu'est-ce qui fait que les hommes soient si compétitifs les uns avec les autres, qu'ils fassent des fous d'eux-mêmes en essayant d'impressionner les femmes, qu'ils se transforment en patates de canapé déprimées après quelques années de mariage, ou qu'ils fassent une des autres choses apparemment inexplicables qu'ils font en relation? Qu'est-ce qui peut bien se passer dans la tête d'un homme?

Ce livre s'adresse à quiconque s'intéresse à la façon dont les hommes fonctionnent dans une relation. Il y a de fortes probabilités, en lisant ce livre, que vous ayez en tête un homme en particulier, un que vous aimeriez mieux comprendre. Vous vous demandez sans doute si ce livre sera utile. Vous aidera-t-il vraiment à améliorer votre relation?

Il y a un problème inhérent à ce genre de livre. L'homme à qui vous pensez peut-être est une personne unique, et non une moyenne statistique. C'est comme acheter un livre intitulé *Comment fonctionnent les automobiles* alors que vous essayez d'entretenir une Lamborghini Miura 1972.

D'accord, votre homme n'a peut-être pas une telle distinction, mais vous saisissez mon idée (et bravo si vous pouvez identifier une Miura dans un alignement). L'homme auquel vous pensez est une personne, et ce que j'offre, ce sont des généralisations.

Les généralisations créent un malaise, et pour cause. En rédigeant ce livre, des centaines d'hommes et de femmes ont participé à un sondage dans lequel je leur demandais leurs pensées sur les sexes. Quelques personnes se sont senties obligées de commencer leur réponse par «Je n'aime pas généraliser, mais...»

Cette hésitation est sage. Dans les relations, les précisions sont plus importantes que les généralités. Imaginez une femme qui dirait à son mari: «Chéri, je ne comprends pas pourquoi tu es aux prises avec la dysérection. La plupart des hommes n'ont pas ce problème.»

Pouvez-vous trouver une façon plus efficace d'aggraver la situation? Pas moi. Voilà le problème avec les généralisations. On ne peut les appliquer proprement individuellement, et elles peuvent empirer les choses. C'est pourquoi chaque généralisation dans un livre comme celui-ci est moins importante que les traits individuels. La plupart des hommes aiment les voitures, mais cela ne s'applique pas si votre homme ne les aime pas.

Pourtant, certaines généralisations sont valides et utiles. Par exemple, les femmes et les hommes possèdent différents niveaux d'androgènes (souvent appelés hormones mâles). Ces niveaux d'hormones influent sur des choses comme les aptitudes mécaniques, l'humeur, l'efficacité cardiovasculaire, la vitesse, l'endurance, la masse musculaire, l'agressivité et la tendance à se gratter en public. Cela ne veut pas dire, par exemple, que certaines femmes ne soient pas plus fortes que des hommes, mais cela dément la notion hippie futile des années 1960 voulant que les cerveaux des hommes et des femmes soient identiques.

J'en viens à la deuxième raison pour laquelle les généralisations peuvent être source de malaise: reconnaître les différences engendre la peur qu'un sexe soit supérieur à l'autre. J'imagine que cela explique pourquoi tant de gens appuient la vieille idée selon laquelle les hommes et les femmes sont essentiellement identiques. Si les hommes sont plus forts, peut-être qu'ils sont meilleurs. Si les femmes ont plus d'empathie, peut-être qu'elles sont supérieures aux hommes.

Pas dans ce livre. Je crois qu'il est plus exact et plus utile de voir les hommes et les femmes comme étant différents mais égaux, avec des forces et des faiblesses qui sont merveilleusement parfaitement complémentaires.

Voici ma position, qui se trouve à être la même que celle que soutient la psychologie évolutionniste: les corps féminins et masculins sont presque identiques, à l'exception des différences nées des fonctions reproductives distinctes. La même chose s'applique à nos esprits. Ils sont essentiellement les mêmes, sauf où nous différons en raison de nos fonctions reproductrices respectives, de nos capacités physiques distinctes, et du besoin des sexes d'être en relation entre eux. Pas mieux, pas pires, seulement différents.

Ces différences, à mon esprit romantique à l'occasion, sont merveilleuses. Il faut les célébrer. Je crois qu'elles font que la vie vaut la peine d'être vécue.

Maintenant que vous savez où je me situe, que les généralisations commencent! La première et la plus importante est que ce livre concerne les hommes *bien*. J'insiste sur ce terme. Les pulsions et les modes de pensée dont je discute s'appliquent à des hommes matures qui ont pour la plupart leur vie en main.

Cela ne veut pas dire que tous les hommes bien pensent de la même façon, mais ils ont en commun certaines caractéristiques, comme le désir de prendre soin de leurs proches ou d'être aussi efficaces que possible dans les activités professionnelles.

Les hommes qui sont immatures ou de caractère faible – ainsi que les hommes bien qui, momentanément, ne se conduisent pas de manière respectable – font face à des difficultés différentes. Ce livre ne s'appliquera que très peu aux hommes qui sont abusifs, toxicomanes, malhonnêtes ou accrochés à une console de jeu dans le sous-sol de leur maman. Ce ne sont pas nécessairement des hommes mauvais, mais je n'en discuterai pas. Je vais me pencher sur un niveau plus élevé de motivation et de pensée masculine. Si vous espérez améliorer votre relation avec un homme bien, ce livre devrait vous offrir des idées utiles.

Qui a écrit ce livre ?

À ce moment-ci, vous vous demandez peut-être qui suis-je pour écrire un livre sur les hommes bien. J'étais un garçon typique avec des combats typiques. Enfant, j'aimais grimper aux arbres et jouer avec le feu. Mes amis et moi bâtissions des choses, les détruisions, puis les rebâtissions. J'étais énergique et distrait, et j'avais des problèmes avec l'autorité. J'ai eu la chance de passer mes années de formation à transporter de la bière, à laver la vaisselle et à frotter les planchers dans le bar de mon père. Là, j'ai vu des hommes adultes faire de bonnes choses, de même que des mauvaises.

Toutes ces années plus tard, je suis un homme assez typique. Je peux poser du placoplâtre, remplacer des plaquettes de frein et changer un commutateur à trois voies. J'ai encore des problèmes avec l'autorité, et j'ai des difficultés typiquement masculines dans les relations. Demandez à ma femme.

Oh, et ai-je mentionné que je peux soulever un bon 27 kilos au *bench press*? Impressionnant, non? (Bien, peut-être que je pourrais en soulever bien plus si je n'avais pas le malheur d'avoir les bras chétifs d'un psychologue.)

Oui, je suis également un psychologue clinicien qui travaille avec des couples et qui est fasciné par la manière dont les hommes et les femmes se complètent et se contredisent l'un l'autre. J'ai écrit ce livre pour aborder certains des problèmes relationnels communs liés à la façon dont les hommes pensent et agissent auprès de leurs partenaires.

Si ce livre améliore la compréhension entre les sexes et apporte un brin de tranquillité domestique à quelques foyers, il aura fait son travail. À titre d'homme typique, je m'efforce toujours de faire du bon travail.

À QUOI VOUS ATTENDRE

D'abord, quelques mots sur ce à quoi ne *pas* vous attendre. Ce livre ne vous donnera pas de conseils sur la façon de changer la nature d'un homme, et ne vous conseillera pas de changer votre nature pour lui plaire. Aucun n'est nécessaire. Vous ne trouverez pas d'excuses pour les traits masculins, pas plus que pour les mauvais comportements masculins. (Le mauvais comportement sera un sujet occasionnel parce qu'il ne devrait pas être toléré, mais il est parfois difficile à reconnaître.) Je me concentrerai plutôt sur la création d'harmonie entre les sexes, l'acceptation de nos différences et le plaisir de relations plus épanouissantes.

La première partie du livre expose certaines des choses les plus importantes qui animent les hommes. Je parlerai de la façon de penser des hommes et pourquoi ils agissent comme ils le font dans la relation. Considérez que c'est la partie *Comment fonctionnent les automobiles* du livre. Si vous vous êtes déjà demandé pourquoi les hommes font des choses comme quitter les bras aimants de leur famille pour les demandes sèches d'un milieu de travail, poursuivez la lecture. Vous trouverez également des tas de conseils utiles dans la première partie.

Les deuxième et troisième parties touchent au vif du sujet, soit améliorer les relations avec les hommes. Je discuterai de choses comme faire en sorte que les hommes vous entendent, et comment contourner les erreurs les plus communes pour communiquer avec un homme.

À la fin de la plupart des chapitres, vous trouverez de courtes sections nommées «Pour l'homme de votre vie», au cas où l'homme en question s'adonnerait à feuilleter ce livre à la recherche de moyens de se faciliter la vie, comme les hommes sont portés à le faire. Si vous êtes une femme, en toute circonstance, ne lisez pas ces sections.

Je blague, bien sûr, peut-être que vous les trouverez intéressantes. Elles peuvent aussi vous aider à amorcer une conversation sur certaines choses dont les hommes discutent rarement avec les femmes. En fait, j'espère que ce livre sera la source de nombreuses bonnes conversations entre vous et votre partenaire.

Il y a quelques autres choses à quoi s'attendre.

La première a trait au sondage non scientifique, mentionné ci-dessus, que j'ai mené en écrivant ce livre. Je me suis servi d'Internet pour demander aux femmes ce qu'elles aimeraient comprendre des hommes, et pour demander aux hommes ce qu'ils souhaitent que les femmes comprennent à leur sujet.

À mon étonnement, des centaines d'hommes ont répondu à mes questions, et les femmes ont participé en plus grand nombre encore. Leurs pensées se trouvent dans ce livre. Certaines sont élogieuses, d'autres, critiques, mais toutes sont intégrales et directement de la source.

La deuxième, c'est l'histoire de plusieurs couples que je raconterai. J'ai choisi ces histoires parce que leurs problèmes, leurs forces et leurs modèles relationnels sont typiques de ce qui se produit quand quelqu'un décide de fréquenter ou d'épouser un homme bien. Justement, parlant de ces études de cas...

Qu'est-il arrivé à Mike et Amy ?

Lorsque nous avons laissé Mike et Amy, il était sorti en trombe de la maison en plein milieu de la conversation. Il se sentait blessé sans savoir pourquoi, et Amy était découragée de la relation parce qu'il lui semblait que Mike ne l'aimait pas suffisamment pour se confier à elle et demander son aide.

J'ai choisi leur histoire parce que la nature masculine de Mike – sa *bonne* nature masculine – était la source de leur difficulté. Il voulait simplement être un partenaire efficace. Il ne voulait pas se sentir diminué aux yeux d'Amy, et c'est pourquoi il lui a caché le problème.

Mike et Amy n'ont pas laissé ce problème détruire leur relation. Ils ont plutôt fait quelques petites choses pour éviter des problèmes semblables à l'avenir. Premièrement, ils ont développé une meilleure compréhension de leurs traits individuels. Amy ne comprenait pas tout à fait le besoin de Mike de se sentir fier de lui, mais elle a accepté que c'était extrêmement important pour lui. Et Mike a mieux compris à quel point son isolement avait heurté Amy.

Deuxièmement, ils ont amélioré leur capacité de reconnaître la vraie nature de leurs réactions émotionnelles. Mike semblait fâché quand il est sorti de la maison ce soir-là. Il a même dit qu'il l'était. Mais, sous la colère, il éprouvait une grande honte de son incapacité, selon lui, de prendre soin adéquatement de sa partenaire. (C'est une des choses que vous devriez savoir à notre sujet: notre virilité doit être gagnée et constamment entretenue, et notre carte d'identité masculine est toujours sujette à être révoquée si nous cessons d'exécuter nos tâches.)

Ce sens du devoir – ce besoin d'être utile – est une des choses que ce livre examine en premier. Bien des hommes m'ont dit que c'est une des choses que les femmes semblent avoir peine à comprendre à leur sujet, et cela cause une foule de problèmes entre les sexes.

Mais ce n'est que le début. Nous avons beaucoup de matière à couvrir, alors tirez-vous un fauteuil confortable, débouchez une bière, et examinons l'esprit masculin.

1RE PARTIE

Une journée dans la vie d'un esprit masculin

Les hommes bien sont des hommes consciencieux. Ils veulent être efficaces dans leur vie, leur carrière et leurs relations. Ils ont tendance à être dévoués et capables, et un homme bien veut être ce qu'il y a de plus important au monde pour la femme de sa vie.

Malheureusement, les plus grandes forces des gens renferment souvent les germes de leurs combats les plus ardus, ce qui est certainement le cas de l'homme bien et consciencieux. Son besoin d'être efficace fausse la façon dont il se voit, lui, sa partenaire et sa relation. Cette force peut même être destructrice lorsqu'il constate que ses liens sont surchargés hors de la relation, ou lorsque les attentes changent au sein de celle-ci.

Malgré ses dangers, ce besoin d'efficacité demeure une force bien ancienne et puissante. Il façonne profondément les hommes, et c'est l'une des choses les plus importantes à comprendre au sujet des hommes bien et consciencieux.

Chapitre 1

Ce qui compte le plus pour les hommes

L'absence de but est une chose terrible pour l'esprit masculin. Pourquoi les hommes en chômage dépriment-ils, les jeunes hommes adhèrent-ils à des gangs de rue, et les hommes célibataires meurent-ils plus jeunes ? Selon mon estimation, c'est au moins en partie parce qu'ils n'ont pas de but. Les hommes bien sont un peu comme les border collies: ils sont plus heureux quand ils sont utiles. C'est pourquoi dans sa vie, un homme bien s'efforce constamment d'avoir une direction et un sens.

Nous, les hommes, pouvons trouver notre but à maints endroits – le travail, le jeu, la camaraderie avec d'autres hommes – mais rien ne satisfait ce besoin comme de nous dévouer à une femme bien. Bien sûr, nous pouvons parfois critiquer les femmes de notre vie, mais même nos doléances sont une preuve de notre désir de nous engager à quelque chose de plus grand que nous. En voici un exemple: «Les femmes supposent que nous savons ce qui ne va pas et comment l'arranger, alors que 99 pour cent du temps, nous n'en savons rien et elles ne nous le disent pas. Puis quand nous trouvons finalement ce qui ne va pas, elles ne veulent pas de notre aide, ce qui fait que nous nous sentons totalement impuissants à les rendre heureuses.»

(C'est une réponse au sondage dont je vous ai parlé. Voici ce que je vous propose: tenez pour acquis que les prochaines citations proviennent du sondage, à moins que je ne les attribue à quelqu'un en particulier. D'accord ?)

De prime abord, l'homme qui a écrit cela peut sembler frustré ou fâché. Mais, en réalité, il ne veut probablement que savoir ce que veulent les femmes. Comme bien des hommes, il cherche une façon de réaliser son but dans son monde à elle. Le besoin d'un but est au cœur de notre être masculin.

Vous connaissez peut-être cette blague au sujet d'une femme qui s'inquiétait de l'avenir jusqu'à ce qu'elle trouve un mari, et de l'homme qui ne se souciait jamais de l'avenir jusqu'à ce qu'il se marie. Elle illustre le vieux stéréotype selon lequel les femmes désirent épingler un homme, alors que les hommes veulent simplement fêter et profiter de la compagnie d'autant de femmes que possible.

Même les personnes à l'esprit scientifique comme les psychologues évolutionnistes sont tentés d'imaginer les premiers hommes flirtant dans la savane, comme des Casanovas poilus de l'âge de pierre, alors que les femmes astucieuses tentaient de les leurrer ou de les forcer à la monogamie pour la sécurité de leurs enfants.

Il peut y avoir un grain de vérité dans le stéréotype du coureur de jupons. Des preuves d'ADN suggèrent que, jadis, les femmes étaient plus nombreuses que les hommes dans une proportion de deux pour un. C'était probablement le rapport de surgénération le plus efficace à cette époque (Wilder, Mobasher et Hammer, 2004). Les mêmes preuves suggèrent que la plupart des femmes avaient des bébés, ce qui veut dire qu'il devait y avoir un peu de polygamie (terme technique pour plusieurs épouses) au temps de Fred Cailloux.

Cela ne veut pas dire que les hommes n'aimaient pas une seule femme ou ne s'engageaient pas avec elle. L'idée que les hommes évitent les relations engagées à long terme, jadis ou aujourd'hui, semble tout à fait inexacte.

Une recherche dans l'histoire de l'accouplement suggère que les hommes désirent des partenaires de durée de vie tout autant que les femmes (Buss, 1998). Historiquement, les hommes ont peut-être eu un penchant pour aimer plus d'une femme à une époque, mais, tout de même, les hommes et les femmes sont beaucoup plus semblables que différents dans leur désir de stabilité romantique.

Par nécessité, les hommes et les femmes recherchent une relation engagée de différentes manières. Par exemple, plusieurs décennies de recherches montrent que, dans toutes les cultures, les hommes ont tendance à se concentrer sur l'attrait physique d'une partenaire plus que les femmes, alors que celles-ci accordent plus d'importance à de bonnes perspectives financières chez un homme (Shackelford, Schmitt et Buss, 2005).

Cela ne constitue probablement pas une nouvelle, mais c'est le genre de chose qui pousse les hommes à se comporter de manières qui ne sont pas claires pour les femmes. Pourquoi ? Parce que nous, les hommes, savons que vous recherchez différentes qualités chez nous: la stabilité émotionnelle, la gentillesse, l'intelligence et ainsi de suite, et que nous pouvons saboter nos propres intentions en tentant de vous impressionner.

Nous savons aussi trop bien que, même s'il y a beaucoup de femmes qui n'ont pas pour priorité les ressources d'un homme, les hommes bien nantis ont toujours eu plus de succès dans le jeu de la séduction. Ce n'est pas une réflexion morale sur un sexe ou l'autre, mais simplement une vérité historique, et les hommes surveillent de près ces vérités.

Que fait une pensée comme ça dans l'esprit d'un homme ? Pour débuter, cela peut expliquer pourquoi la nature masculine est aussi compétitive. Nous sommes poussés pour la plupart à travailler plus fort, à obtenir davantage et à faire mieux que la concurrence. C'est ce que vous voulez, n'est-ce pas ?

Bien sûr, ce n'est pas toujours ce que vous voulez, mais c'est ce que nous *pensons* que vous voulez, et nous essayons toujours de vous être utiles. Malheureusement, notre désir inné d'être compétitifs, utiles et dignes de votre amour nous pousse parfois à faire les choses les moins utiles et les moins aimables. C'est ce qui s'est produit pour Sam.

• Sam et Tamara

Sam avait toujours été le bon garçon qui fait les bonnes choses. Il a eu de bonnes notes au secondaire, est allé à la bonne université, et a toujours maintenu les pneus bien gonflés, comme son père le lui avait enseigné.

À 28 ans, il a épousé sa petite amie de longue date, Tamara. Sa carrière allait bien, et il est même devenu l'un des directeurs les plus jeunes de son entreprise. Il devenait un employé dévoué à son travail et à sa famille. Tamara trouvait sa stabilité et son ambition merveilleusement attrayantes.

Ils se sont bien préparés au mariage, se servant des cours préconjugaux pour les aider à négocier leurs rôles d'époux avant de prononcer leurs vœux. Il se trouve que tous deux désiraient un arrangement traditionnel. Sam travaillerait, et Tamara resterait au foyer avec les enfants. Parce que Sam réussissait bien financièrement, ils disposaient de cette option que peu de couples peuvent se permettre de nos jours. Mariée depuis deux ans, Tamara a joyeusement mis de côté sa carrière de physiothérapeute pour se préparer à la naissance de leur premier enfant.

Tout a bien été pendant un temps. Mais, à l'instar de bien des nouveaux parents, ils ont été surpris de la quantité de travail que demande le fait d'élever un enfant. Ils n'avaient pas prévu le manque de sommeil et la perte de temps pour soi.

En même temps, le travail de Sam devenait plus exigeant et demandait plus de temps. En raison du stress au travail et à la maison, des petits ressentiments se sont mis à grandir entre Sam et Tamara.

Les rituels du soir étaient l'un de leurs sujets de désaccord. Quand Sam rentrait du travail, Tamara était épuisée et elle prévoyait qu'il prenne la relève à s'occuper de l'enfant pour le reste de la soirée.

⇨

Parallèlement, les demandes du travail de Sam se répercutaient de plus en plus sur lui. Il rentrait souvent chez lui après de longues journées stressantes, tellement épuisé qu'il était inefficace et impatient avec leur fils, Jake.

Sam se sentait dans une double impasse. Il savait que Tamara avait besoin de son aide et il voulait faire de son mieux, mais les tensions montaient, et il sentait que Tamara était de plus en plus déçue de lui. Il savait aussi qu'il ne pouvait pas négliger son travail parce que cela nuirait à leur revenu, ajoutant encore plus de pression à la maison. Il avait besoin de son travail pour maintenir leur stabilité.

Dans un sens, sa famille devenait une menace pour son travail qui leur procurait nourriture et logement, tandis que son travail devenait une menace pour la famille qui rendait le travail nécessaire.

Dans une telle situation, les hommes peuvent développer une logique binaire: si deux situations s'excluent mutuellement, ils s'occupent de la plus urgente. Sam croyait devoir décider entre fâcher son employeur ou provoquer la colère de sa femme. Il a cru que sa famille pouvait survivre à une épouse irritée plus facilement qu'à un employeur en colère.

De fait, la colère montait chez Tamara. Elle a commencé à critiquer Sam parce qu'il n'était pas disponible. Elle craignait que Jake ne connaisse pas son père. Elle se sentait seule et elle voulait un partenaire plutôt qu'une personne qui ne faisait qu'apporter un salaire.

Sam a réagi à la frustration de Tamara en évitant les disputes, comme un enfant qui aggrave un mauvais bulletin en le cachant. Pour éviter les conflits avec Tamara, il passait plus de temps au travail parce que cela avait au moins le mérite d'augmenter leur revenu. Il s'imaginait que plus d'argent apaiserait la hargne de Tamara.

⇨

L'erreur la plus grave de Sam – qui est commune chez les hommes bien – était de cacher son problème à Tamara, et à tous les autres, parce qu'il croyait qu'en en parlant, il aurait l'air geignard. «Je suis un homme, après tout. Je nous ai embarqués là-dedans, je vais nous en sortir.» Il s'est mis à consacrer plus de temps et d'effort à son travail dans l'espoir que, bientôt, il atteindrait un niveau de réussite qui lui permettrait de maintenir son revenu et de passer plus de temps à la maison.

C'était un souhait naïf. Plus Sam investissait de temps au travail, plus son poste lui en demandait, alors il passait encore moins de temps à la maison. Et plus Tamara devenait malheureuse, plus le travail de son époux devenait une fuite d'un environnement domestique où il se sentait inefficace et peu apprécié. En lui-même, il se demandait si se consacrer à son travail était la bonne décision, mais il a continué. Il ne voulait pas agir avec indécision ou ambivalence.

Bien que Sam ait donné à sa famille beaucoup de sécurité, ils étaient tout, sauf heureux. Tamara se demandait où était passé son mari bon et responsable, alors que Sam éprouvait de plus en plus de ressentiment envers Tamara qui n'appréciait pas son travail acharné et sa dévotion.

«JE SUIS MES RESPONSABILITÉS»

Qu'est-ce qui peut amener un homme responsable comme Sam à abandonner une famille très liée pour un milieu de travail froid et ardu? La réponse brève est qu'il sentait le besoin de concilier deux tâches mutuellement exclusives. Il croyait ne pas être en mesure de contenter sa femme et son patron, alors il a fait un choix pragmatique qui, le croyait-il, causerait le moins de dommages.

Mais cette perspective était biaisée. En fait, elle était quelque peu intéressée. Sam pouvait *sentir* qu'il était un homme de devoir quand, en réalité, son sens du devoir faisait en sorte qu'il ignorait les gens qu'il avait promis de servir.

Le problème a commencé quand Sam a décidé de supporter la charge avec un stoïcisme viril. Il a agi par instinct, et son instinct lui disait de travailler plus fort. Cela rendait son patron heureux, et Sam avait la satisfaction de faire quelque chose dont sa famille bénéficierait, même si un doute le rongeait sur la justesse de son choix. Les hommes bien sont portés à cette variété de manque de perspicacité.

Sa décision a pu être influencée par le fait que les hommes sont outillés d'une mentalité d'équipe et d'une orientation vers le devoir. Nos collègues sont importants parce qu'ils sont liés à notre survie, alors si nous sommes sous pression, nous leur donnons parfois préséance sur d'autres personnes, y compris les membres de la famille. Cette portion étrange de la logique masculine n'est pas sans mérite. En nous consacrant à ce qui nous procure des ressources, nous nous dévouons indirectement à nos êtres chers parce que nous assurons aussi leur survie.

Que ce soit parfaitement logique ou pas, cela semble être inné chez les hommes. La recherche suggère que la mentalité d'équipe est davantage innée chez les hommes que chez les femmes. Par exemple, les hommes coopèrent plus que les femmes quand leur groupe est en compétition avec d'autres groupes. La coopération entre femmes, par ailleurs, n'est pas grandement influencée par la compétition entre groupes (Van Vugt, De Cremer et Janssen, 2007). Les chercheurs ont même découvert qu'une phéromone dans la sueur masculine augmente la coopération entre hommes, et contrairement à ce que l'on pourrait croire, il en va de même pour un taux élevé de testostérone (Huoviala et Rantala, 2013).

Rien de tout cela ne suggère que les femmes ne coopèrent pas, mais les hommes semblent être bâtis pour faire face aux grandes difficultés en équipe – excepté pour les concours de *Air Guitar* ou de mangeurs de hot-dogs, des sports strictement individuels. (Je reprendrai le sujet du travail d'équipe masculin et de la façon dont il influe sur les relations intimes au chapitre 4.)

Quand un homme comme Sam doit choisir entre remplir une obligation envers une personne (dans ce cas, sa femme) ou envers l'équipe qui existe à son travail, la décision n'est pas toujours facile. Plutôt que de se sentir enclin à l'intimité, Sam s'est senti attiré par une solution qui éliminait le plus grand nombre de problèmes. En se consacrant à des gens hors du foyer, il pouvait accomplir plusieurs choses à la fois:

- Maintenir sa bonne position au sein de son équipe de travail et accroître la sécurité de sa famille.
- Satisfaire à son obligation envers sa famille en apportant l'argent au foyer.
- Réduire le conflit avec sa femme en la débarrassant de sa présence.
- Agir en homme efficace en faisant ce à quoi il excelle.

La plupart des hommes sont conscients des compromis, même s'ils ne les aiment pas. En tentant de trouver la solution la plus efficiente et efficace, Sam s'est distancé de sa femme et de son fils. Les hommes dans la position de Sam croient faire face à une froide équation émotionnelle dans laquelle être décisif et efficace va rendre quelqu'un malheureux. Que ce soit vrai ou seulement une fausse perception, cela peut devenir un lourd fardeau.

METTRE DES MOTS SUR LE PROBLÈME

L'une des erreurs de Sam a été d'omettre d'envisager des solutions de rechange. Les hommes bien doivent souvent prioriser leurs tâches, mais il nous manque souvent l'intuition de faire les meilleurs choix pour nous-mêmes ou ceux envers qui nous sommes obligés. Cela est partiellement attribuable au fait que, souvent, nous ne mettons pas de mots sur nos dilemmes. Le stoïcisme masculin nous en garde, ce qui à son tour nous empêche de reconnaître nos solutions de rechange.

Paul Giblin, Ph.D., chercheur sur le mariage et la spiritualité des hommes, fait remarquer que les hommes ont plus de peine que les femmes à relier les mots à leurs expériences intérieures, et qu'ils luttent aussi pour comprendre et appliquer leurs pensées, leurs sentiments et leurs valeurs concernant l'engagement (2011). Nombre d'entre nous, comme Sam, n'ont simplement pas pratiqué la résolution de conflits émotionnels.

Giblin a constaté que les hommes ressentent souvent un profond regret après avoir pris un engagement ou avoir été contraint à un engagement qu'ils souhaitent ne pas avoir pris. C'est souvent parce que nous n'avons pas nommé nos émotions et n'y avons pas réfléchi avant de prendre des décisions.

Il ne m'appartient pas de dire si Sam a pris la mauvaise décision, mais je crois qu'il a perdu de vue ses solutions de rechange, et que sa décision unilatérale de mettre davantage l'accent sur le travail était injuste pour Tamara. Au fond de lui, Sam réalisait qu'il aggravait le problème, mais le stoïcisme l'empêchait de chercher le juste milieu qui aurait pu satisfaire à la fois Tamara et son employeur.

En outre, le sens des responsabilités de Sam compliquait les choses. Si vous demandez à un homme bien sa définition de la virilité, il insérera probablement le mot «responsabilité» dans sa réponse. Dans une large mesure, nous nous voyons comme étant membres d'un groupe qui ont un travail à faire, et nombre d'entre nous excèdent leurs limites dans leurs engagements. Les responsabilités et le service sont la force vive des hommes bien, mais, comme pourrait en attester Sam, le désir d'être responsables peut entraver la clairvoyance.

«Je suis mon statut»

Une femme qui a répondu à mon sondage en ligne a dit ne pas comprendre «le langage corporel tacite entre hommes qui semble établir si rapidement le rang d'un homme dans la meute». Elle ne comprenait pas comment «nous mesurons si rapidement la valeur d'un homme» pas plus qu'elle saisissait notre désir de compétitionner pour la position de chef.

Même si elle ne comprenait pas ces comportements masculins, ses observations étaient justes. Nous compétitionnons et nous nous comparons. Rechercher un statut et le mesurer semblent être la poursuite d'une vie du sexe masculin, du football pour gamins au travail et au-delà. Pour les hommes, la vie peut sembler être une éternelle entrevue d'emploi.

COMMENT PENSENT LES HOMMES

« Je crois que les femmes ont de la difficulté à comprendre ce qui pousse les hommes à travailler aussi fort qu'ils le font. Ma motivation est une aspiration à laisser un héritage. »

Parfois, il est facile de distinguer notre statut, par exemple, en affichant le rang et les décorations sur un uniforme militaire. (Les femmes portent aussi l'uniforme, mais ce développement est relativement récent dans l'histoire de l'humanité.) Mais même sans indices de rang, nous sommes assez habiles à juger de notre statut relativement aux autres hommes.

L'estimation du rang tient même compte du contexte. Le même homme peut être plus dominant dans un contexte et plus soumis dans un autre. Nous pouvons changer de rôle sans sourciller lorsque le contexte l'exige. Et ceux qui sont les plus susceptibles de perdre dans un concours de domination sont les plus attentifs et sensibles au statut (Watkins et Jones, 2012).

Les hommes répondent également de manière semblable à la domination tant sociale que physique, malgré que celles-ci soient très différentes (Watkins et Jones, 2012). Cela nous donne la capacité d'établir la domination sans violence, puisque perdre une dispute affecte notre perception de la domination aussi intensément que si nous perdions un combat. Les hommes qui ont récemment perdu des conflits sociaux non violents sont plus sensibles aux signaux de domination des autres hommes, ce qui illustre à quel point la hiérarchie est importante dans la vie des hommes, et ce n'est qu'un ensemble de comportements qui nous aide à établir paisiblement une hiérarchie.

Ce n'est pas tout. Nous surveillons aussi de près les compétitions entre les autres hommes. Nous nous jugeons constamment et recalibrons notre position, ce qui explique peut-être notre obsession du statut. L'un des avantages de notre constant recalibrage est le degré auquel il réduit le conflit. Quand chaque homme d'un groupe surveille continuellement son propre statut et son rendement, les autres n'ont pas à le ramener à l'ordre. Quiconque prétend que les hommes ne coopèrent pas ne nous a pas observés de près.

Et pourtant, la question demeure: *Pourquoi les hommes se préoccupent-ils tant du statut?*

La réponse simpliste, qui renferme une vérité, est que les hommes au statut élevé sont plus attirants pour les femmes. Même un adolescent qui se joint à un gang (l'une des façons les plus rapides d'obtenir un statut) est jugé plus attrayant par les adolescentes et a plus de partenaires sexuels que ses homonymes hors des gangs (Palmer et Tilly, 1995).

Dans une grande proportion, le statut importe aux hommes parce qu'il importe aux femmes, ce que des chercheurs ont démontré dans un essai soigneusement contrôlé (Guégen et Lamy, 2012). Pour vérifier leur hypothèse, ils ont placé des hommes dans des voitures de luxe et leur ont demandé d'aborder des femmes et de leur demander leur numéro de téléphone. Puis, ces hommes ont fait la même chose mais dans des voitures moyennes ou économiques.

Les résultats? Les hommes ont réussi 23,3 pour cent du temps quand les femmes les voyaient dans des voitures luxueuses, 12,8 pour cent du temps dans des voitures moyennes, et 7,8 pour cent du temps dans des voitures économiques. Manifestement, les femmes surveillent notre statut, et nous sommes très conscients de ce fait.

Mais impressionner les femmes n'explique que partiellement notre obsession du statut. La connaissance du statut nous aide aussi à être dans les bonnes grâces des autres hommes. Le statut est une extension de notre tâche et contribue à la définir. Notre préoccupation envers le statut réduit également le conflit, accroît l'efficacité et rend les hommes plus coopératifs les uns envers les autres (McIntyre et *al.*, 2011).

La recherche masculine de statut peut être une source de frustration pour les femmes qui la trouvent difficile à vivre, ou qui n'ont pas besoin que leur homme soit millionnaire ou président. Mais notre comportement de recherche de statut nous garde en bons termes avec les autres hommes, et avec les femmes, parce qu'il nous oblige à surveiller notre propre comportement. Si notre préoccupation pour le statut est agaçante ou frustrante, imaginez seulement comment nous agirions sans elle.

L'IMPORTANCE D'ÊTRE EFFICACE

Quand Sam a eu un problème dans sa relation avec sa femme, il s'est éloigné d'elle. Il s'est replié sur son travail. Vous direz que ce n'était pas quelque chose de masculin à faire. Les hommes bien devraient faire face à leurs problèmes, n'est-ce pas?

Les gens *devraient* faire bien des choses. Mais sous l'emprise du stress, ils se tournent vers leurs vieilles stratégies fiables. Pour les hommes, cela veut parfois dire utiliser les stratégies du statut et des responsabilités avec lesquelles ils sont le plus à l'aise. Les gens aiment faire ce qu'ils connaissent le mieux.

COMMENT PENSENT LES HOMMES

«Je ne crois pas que les femmes puissent pleinement comprendre notre besoin d'être utiles.»

Supposez qu'une entreprise vogue à la dérive et qu'elle est au bord de la faillite. Un employé du marketing aurait tendance à blâmer l'entreprise pour son marketing médiocre. Un comptable verrait les problèmes de comptabilité de l'entreprise et un gestionnaire verrait une mauvaise gestion. Si les gens ne s'efforcent pas de prendre du recul et de regarder le système en entier, ils définiront les problèmes en fonction de ce qu'ils connaissent.

Quand Sam – un homme bien et consciencieux – a eu des problèmes dans son couple, il n'a pas pris de recul ni examiné le problème systémique. Il était vaguement conscient du fait que plus il travaillait, plus Tamara était en colère. Mais il espérait que, si seulement il arrivait à passer ce moment critique, tout serait réglé. Malheureusement, c'était comme s'il luttait contre du sable mouvant. Plus la relation devenait inconfortable, plus il se sentait obligé de recourir à ses vieilles stratégies du statut et des responsabilités, ce qui ne faisait qu'envenimer les choses.

Les problèmes de Sam ont commencé avec une réalité dont je vais discuter abondamment: son besoin d'être efficace. Il voulait être ce qu'il y a de plus important au monde pour sa femme et sa famille, ce qui rend sa stratégie d'autant plus triste et ironique qu'elle a créé la discorde.

Le besoin d'être efficace de Sam est typique des hommes bien. Voici ce que des hommes en ont dit:

- «Nous aimons vous aider ! Vraiment. C'est ce qui nous fait prendre confiance en notre valeur virile. Vos désirs sont des ordres. Nous aimons que vous dépendiez de nous.»
- «Quand une femme est fière de vous pour avoir bien exécuté quelque chose, c'est un sentiment merveilleux. Ça ne me fait rien de travailler 12 heures par jour, mais, comme un bon chien, j'apprécie qu'on me gratte le museau et qu'on me dise *bon chien* à la fin... Je suis parfois agacé par mon besoin d'approbation de ma femme, même si je réussis bien au travail et ailleurs.»
- «Qu'est-ce que j'aime le plus? La façon dont elle me regarde quand elle est impressionnée par ce que j'ai fait ou dit.»

Même un garçon de 17 ans qui a répondu à mon sondage avait envie d'être utile et efficace (bien qu'il ait à raffiner son côté brut, paternaliste): «J'aime les filles qui, selon moi, ont besoin de protection, dont je peux prendre soin.» Le sentiment d'avoir un but est essentiel pour les hommes bien. L'inconvénient en est que bien des hommes recherchent fréquemment à être rassurés sur leur efficacité. Voici ce qu'en a dit une femme: «Pourquoi les hommes ont-ils tant besoin d'être flattés? Un simple *Merci, c'était fantastique* ne suffit-il pas? Pourquoi avons-nous besoin de sortir nos pompons de meneuses de claques pour la moindre petite tâche accomplie? Assez, ça devient ennuyeux!»

Pourquoi éprouvons-nous un tel besoin d'approbation? Parce que nous vivons pour vous être utiles. Nous voulons être efficaces. Nous, les hommes bien, semblons comprendre que nous ne sommes rien sans les femmes. C'est pourquoi nous sommes en compétition pour votre attention. C'est pourquoi nous travaillons si dur. C'est pourquoi l'efficacité est la chose la plus importante. Et c'est pourquoi des hommes comme Sam peuvent tomber tête première dans le piège de l'efficacité. C'est difficile d'éprouver de la sympathie pour Sam de prime abord parce qu'il est l'artisan de ses propres problèmes. Plutôt que de communiquer, il s'est isolé. Il a mis son travail au-dessus de sa famille. Il a pris des décisions unilatérales. Bref, il a basculé dans le côté sombre de la pulsion masculine pour l'efficacité.

• *Faites en sorte qu'il ait une façon de gagner*

L'une des plaintes que j'entends le plus souvent de la part d'hommes dont les relations sont en sérieuse difficulté est: «Je ne peux pas gagner avec elle. J'ai toujours tort, quoi que je fasse.»

Lorsque les hommes atteignent le point où ils croient n'avoir plus aucun moyen d'être efficaces dans une relation, où quoi qu'ils fassent ou pas aura un mauvais résultat, ils cessent souvent d'essayer. Et quand l'apathie s'installe, il peut être difficile de réparer la relation.

Les couples peuvent facilement tomber dans ce piège. Une femme se plaignait régulièrement que son mari ne lui parlait pas assez souvent. Mais il a expliqué que, lorsqu'il essayait de causer avec elle, elle le prenait comme une occasion de critiquer son comportement. Il lui semblait qu'il était dans le tort quand il parlait à sa femme et aussi quand il ne lui parlait pas. Finalement, la relation n'a pas duré.

Si l'homme de votre vie commence à se plaindre de ne pas avoir de moyen de gagner, tenez compte de l'avertissement. (Je discuterai de ce qu'il faut faire à ce propos au chapitre 9.) Lorsqu'il sent qu'il ne peut plus être efficace dans la relation, il peut abandonner. Ne le laissez pas faire. Assurez-vous que votre homme a un moyen de vous faire plaisir, et qu'il sache ce que c'est.

Tout cela pour vous

J'ai commencé ce livre avec les thèmes des responsabilités, du statut et du devoir parce qu'ils sont si souvent sources de problèmes dans les relations. Les hommes bien ont besoin d'un but, et c'est pourquoi les femmes sont si importantes pour nous. Un homme bien veut être ce qu'il y a de plus important de l'univers pour sa partenaire, et son dévouement ne concerne pas seulement le sexe.

Vous vous dites sans doute: *Vraiment?*

Vraiment. Poursuivez la lecture.

Pour l'homme de votre vie
Qu'est-il arrivé à la femme que vous aimez?

J'ai entendu beaucoup d'hommes se plaindre que leur femme ou leur petite amie était devenue une plaignarde chronique. «Peu importe ce que je fais, disent-ils, elle n'est jamais contente. Quand est-elle devenue une telle emmerdeuse?»

Ce chapitre a débuté par l'histoire de Sam, un homme marié qui s'est trouvé dans une position où il a cru devoir choisir entre le travail et la famille. Son travail était exigeant et sa femme, Tamara, est devenue de plus en plus malheureuse dans les premières années de leur mariage.

Comme la tension montait à la maison, Tamara déplorait de plus en plus que Sam n'était pas le mari qu'elle croyait qu'il serait. Elle disait qu'il avait manqué à sa promesse d'être un partenaire impliqué et un parent. Sam se défendait en disant qu'il était simplement un bon pourvoyeur et, de fait, il ramenait au foyer un salaire intéressant. Il se demandait comment Tamara pouvait se plaindre alors qu'il travaillait si fort pour faire vivre sa famille.

En réalité, Sam avait de la difficulté à concilier travail et famille. Il faisait erreur en prenant soin des besoins financiers de sa famille mais en négligeant leurs besoins émotionnels. Il avait de bonnes intentions, mais il reniait sa promesse d'être présent comme époux et comme père.

Les hommes dans la position de Sam ne demandent pas d'aide. Ils essaient de faire les braves et de régler eux-mêmes leurs problèmes, ce qui peut parfois aggraver la situation.

Dans ce chapitre, j'ai conseillé aux femmes de ne pas mettre les hommes dans des situations où ils ne peuvent gagner. Par exemple, la femme de Sam n'était pas heureuse quand il n'était pas à la maison et elle le critiquait quand il y était. Peu importe ce qu'il faisait, il était dans le tort. Les hommes se plaignent souvent que les femmes recourent trop fréquemment à la punition plutôt qu'au renforcement positif.

Mais le renforcement positif ne fonctionne que lorsqu'on s'exécute. Lorsque nous ne tenons pas nos promesses, comme Sam a renié sa promesse d'être présent pour sa famille, nous mettons les femmes en position d'être nos mères. Évidemment, cela va rendre une femme malheureuse.

Sam aurait pu s'épargner bien des peines s'il avait simplement parlé à sa femme de sa difficulté à concilier ses responsabilités. Il a plutôt livré bataille seul, se dévouant à ramener un plus gros salaire à la maison, croyant ainsi régler leurs problèmes. Tout bien considéré, il a mal choisi. Tamara le voulait, *lui*, et non davantage d'argent, et elle aurait volontiers changé leur mode de vie à cette fin.

Ne faites pas les erreurs de Sam en évitant de parler des problèmes avec votre partenaire, car vous aussi, comme Sam, vous demanderez ce qui est advenu de la femme heureuse dont vous êtes tombé amoureux. Communiquer vos préoccupations à vos proches et les écouter est souvent un signe de force, pas de faiblesse.

Chapitre 2

Comment les hommes voient les femmes

Un homme bien veut être efficace, ce qui ne veut pas nécessairement dire qu'il veut être président, mais que peu importe où se situent ses valeurs, ou ce qui compte le plus pour lui, il veut savoir qu'il est l'homme de la situation.

Nous nous percevons selon la mesure dans laquelle nous sommes utiles. Nous avons donc besoin de servir quelqu'un, et devinez quoi: c'est vous! Dans une large mesure, nous voyons les femmes d'après ce que nous pouvons faire pour améliorer leur vie. Les femmes de notre vie nous donnent un point de référence pour notre efficacité. Travailler pour obtenir votre affection et votre approbation est dans nos os.

Un homme l'a expliqué comme suit: « Nous sommes la moitié extensible de l'espèce, mesdames. Nous sommes conçus pour éliminer les vauriens, pour secourir les enfants. Nous sommes vos armes, vos chiens d'attaque. Nous sommes prêts à mourir pour vous débarrasser des menaces qui pèsent sur vous. Il n'y a pas beaucoup de demandes en ce sens au 21e siècle, mais c'est notre lot. Nous sommes ici pour résoudre vos problèmes, et lorsque vous n'avez pas besoin de notre torse puissant, de notre courage brut ou de notre folle témérité, il se peut que nous soyons perdus.»

Les hommes bien sont prêts et disposés à servir, et notre formation commence en bas âge. C'est pour une bonne raison que la promesse des scouts commence par «Sur mon honneur, je promets de faire tous mes efforts pour...». Ce n'est qu'une des nombreuses leçons qui nous enseignent à demeurer forts physiquement, alertes mentalement et conscients moralement, de sorte que nous puissions servir autrui.

Tout homme qui s'efforce d'être bon et décent n'y arrivera pas à l'occasion. Sam, au chapitre 1, a fait une des erreurs masculines classiques: décider de ce qu'il croyait être une façon efficace et utile de servir sa femme sans lui demander son opinion. (Comme vous l'avez sans doute remarqué, dans la tête de bien des hommes, être compétent et efficace veut dire n'avoir jamais à demander une direction – ou des renseignements.)

Cela peut faire croire que les hommes n'ont pas grand-chose entre les deux oreilles ou que nous ne savons pas ni ne nous soucions de ce qui se passe autour de nous. Mais la vérité est que les hommes bien angoissent à propos de l'efficacité, et qu'il se passe pas mal de choses dans notre tête, quoique vous ne sauriez le dire par notre comportement. Un exemple classique du besoin masculin d'efficacité qui a dérapé est l'homme silencieux. Examinons-le.

LE SILENCE PEUT-IL ÊTRE UNE TENTATIVE D'EFFICACITÉ ?

Vous vous rappelez sans doute qu'au chapitre 1, nous mentionnions que les hommes ont souvent de la difficulté à mettre des mots sur leurs expériences intérieures. Ce n'était probablement pas une surprise pour vous, puisque le silence est l'une des choses dont on se plaint le plus au sujet des hommes. Comme l'a demandé une femme: « Pourquoi les hommes se ferment-ils au lieu de tenter de communiquer ou de se reconnecter s'il y a un problème? Pourquoi gardent-ils pour eux des réflexions qui sont importantes et qui pourraient être utiles à partager? »

Dès l'enfance, on a enseigné à nombre d'entre nous de ne pas communiquer. On nous disait que c'était efféminé. J'y reviendrai sous peu. Pour l'instant, jetons un regard sur quelque chose de beaucoup plus subtil, et facilement ignoré: notre silence reflète souvent un style différent de résolution de problème.

La plupart des hommes trouvent que les désaccords avec les femmes sont des expériences pénibles. Un homme en a dit ceci:

«Nous voulons avoir cartes sur table pour pouvoir nous attaquer au problème et vous rendre de nouveau heureuses. Quand vous êtes contrariées, nous sommes contrariés, peu importe à quel point nous tentons de le cacher.»

Cette dernière phrase décrit l'un des concepts les plus importants de ce chapitre. D'après mon expérience, les femmes sous-estiment l'effet que leur bonheur a sur les hommes de leur vie. Je ne suggère pas que les femmes devraient étouffer leurs émotions afin de garder leur homme heureux. Je ne fais qu'indiquer que nous sommes profondément touchés par votre bonheur, même si nous ne le montrons pas.

La plupart des hommes désirent être quelqu'un qui apporte bonheur et contentement à une femme. Pourquoi? La réponse cynique est que nous sommes motivés par le sexe, ce qui est vrai, mais il y a beaucoup plus que cela.

OUI, NOUS VOULONS COUCHER AVEC VOUS, MAIS...

Nous avons tous entendu ceci: les hommes pensent au sexe à toutes les sept secondes. Je ne tenterai pas vainement de prétendre que le sexe n'est pas important pour les hommes. Je pourrais aussi bien proclamer que la nourriture et l'eau n'ont pas d'importance non plus. Mais aucune recherche ne soutient cette statistique de sept secondes. En fait, il existe peu de recherches sur la quantité de temps où les hommes pensent au sexe. Toutefois, une étude menée auprès d'étudiants universitaires a révélé quelques faits.

En moyenne, les hommes pensent au sexe plus fréquemment que les femmes, mais pas dans une large proportion, et certaines femmes pensent au sexe plus souvent que l'homme moyen. L'ouverture d'une personne au sexe prédit de façon plus précise la fréquence de ses pensées sexuelles que le genre, masculin ou féminin, auquel elle appartient (Fisher, Moore et Pittenger, 2012).

Ne vous méprenez pas sur cet Américain viril. Le sexe importe aux hommes, et nos cerveaux errent certainement dans cette direction. Mais lorsque nous sommes occupés à faire balancer nos comptes ou que nous faisons atterrir un avion, je peux vous assurer que nous ne pensons pas à tirer un coup.

Pour certains hommes, le sexe, c'est la conquête. Nous avons tous rencontré un don Juan sans scrupule voulant conquérir autant de femmes que possible, mais ces hommes sont une minorité, sinon, peu d'hommes se marieraient. Nous serions trop occupés à séduire les femmes pour nous consacrer à rester à la maison et nettoyer les gouttières.

L'intimité est ce qui qualifie une relation amoureuse, même pour les hommes. Vous pourriez dire que le sexe est notre façon d'entrer en intimité avec vous, et que le service est notre façon de vous chérir. Je crois que c'est difficile à saisir pour une femme parce que les hommes et les femmes ont des manières différentes d'exprimer l'affection, et même les hommes bien ont de la difficulté à être suffisamment vulnérables pour exprimer ce qu'ils pensent et ressentent.

LA RÈGLE DU STOÏCISME

Cameron Gridley, thérapeute de couple et sexologue de Denver, Colorado, m'a expliqué que l'une des plus grandes difficultés pour les hommes est de se laisser aller à s'exposer émotionnellement, ce qui comporte de parler ouvertement de leurs besoins et de leurs désirs. Voici comment semblent fonctionner beaucoup d'hommes: s'ils exposent leurs émotions, ils affichent une faiblesse et s'ouvrent à la critique, aux moqueries ou au rejet. La plupart d'entre nous ont été socialisés par des leçons pénibles qui nous portent à croire que la vulnérabilité émotionnelle entraînera le rejet. Les garçons qui montrent une vulnérabilité émotionnelle sont souvent ridiculisés ou punis par d'autres garçons ou des hommes.

Ces leçons ardues ne sont pas nécessairement mauvaises. Elles nous enseignent à être durs et efficaces. L'inconvénient est que nous avons de la difficulté à savoir quand baisser notre garde. Nous apprenons trop bien la leçon et nous l'appliquons même quand il serait utile de nous montrer émotionnellement disponibles à une partenaire bienveillante.

Mais parce que nous ne pouvons pas éliminer toute émotion, nous avons parfois une émotion «faible», comme la tristesse, avec une «forte», comme la colère, ou avec une action comme l'humour ou le retrait. Cameron Gridley appelle cette émotion de substitution une réaction secondaire, terme que j'utiliserai aux présentes. C'est comme un masque qui dissimule le vrai sentiment. Les hommes sont largement inconscients de ces réactions secondaires. Nous cachons ces émotions, souvent même à nous-mêmes parce que la fonction de la réaction secondaire est en partie de nous isoler de notre propre douleur. Un des grands défis relationnels pour les hommes est de reconnaître les réactions secondaires, d'éviter de s'y laisser attirer et d'identifier plutôt l'émotion qui s'y cache.

Voici un exemple typique: un homme tente de réconforter sa partenaire, mais il est inefficace. Par conséquent, il peut s'indigner et se retirer. L'indignation et le retrait sont ses réactions secondaires. Il peut se sentir blessé et triste à l'intérieur parce qu'il n'est pas capable d'aider sa partenaire à aller mieux. Mais plutôt que de se laisser être suffisamment vulnérable pour admettre ses vrais sentiments, il les cache. En fait, les couples finissent souvent par se disputer à cause des réactions secondaires, comme le retrait, au lieu d'aborder ce qui se passe dans l'esprit de l'homme.

Voici comment un homme conscient a expliqué son retrait: «Normalement, quand je ne parle pas, c'est parce que je suis blessé ou irrité. Je dois formuler les choses prudemment parce que c'est difficile de vous laisser savoir que je souffre sans vous blesser.»

Cameron Gridley croit que bien des hommes trouvent tellement intolérable d'être vulnérables émotionnellement qu'ils cachent leurs sentiments même durant l'intimité et les relations sexuelles. Il m'a dit que, dans sa pratique, il a observé que la plupart des hommes considèrent le sexe comme étant un acte d'intimité plutôt que seulement un plaisir physique, mais que la pression de performer et le risque d'être émotionnellement vulnérables peuvent ruiner cette intimité. Ils portent leur masque de stoïcisme et d'efficacité même – peut-être particulièrement – quand ils partagent un des liens les plus intimes de la vie.

Cette distance émotionnelle peut faire qu'une femme se sente utilisée et incomprise, alors que le vrai coupable est la règle du stoïcisme masculin: si tu n'es pas vulnérable, tu ne seras pas blessé.

POURQUOI NOUS AVONS BESOIN DE VOUS IMPRESSIONNER

Même durant les actes d'intimité, les hommes essaient d'impressionner les femmes. Cameron Gridley croit que le désir de bien des hommes d'impressionner au lit fait qu'ils perdent de vue les désirs de leur partenaire. Ce n'est qu'un des multiples exemples de la façon dont les hommes excellent à se saboter. J'ai déjà vu un jeune homme se tenir debout sur sa motocyclette en mouvement pour impressionner un groupe de jeunes femmes. La motocyclette et lui-même ont été démolis.

Vous avez peut-être déjà vu un de ces dessins représentant le cerveau d'un homme dont la plupart des régions sont étiquetées «sexe». Ces dessins pourraient être plus exacts s'ils illustraient un cerveau d'homme comme étant une firme géante de marketing destinée à gagner l'affection et l'admiration des femmes.

Vous impressionner par notre efficacité est tellement au cœur de notre identité que nous en perdons parfois le contact avec la réalité. Nous pouvons nous perdre dans ce que nous *pensons* que vous voulez plutôt que de découvrir ce que vous voulez vraiment. (La règle du stoïcisme a sans doute pour corollaire que plus nous communiquons, plus nous sommes susceptibles de découvrir que nous faisons mal les choses.)

Digressons brièvement pour parler de ce qui impressionne les femmes. Si les études que j'ai citées jusqu'ici vous portent à croire qu'il ne s'agit que d'argent, c'est faux. Impressionner les femmes exige habituellement d'un homme qu'il utilise son cerveau. L'intelligence compte pour les femmes. Cela ne paraît peut-être pas chez les hommes invités aux talk-shows d'après-midi, mais les femmes ont décidé depuis longtemps qu'être intelligent est sexy.

Selon une étude, les femmes sont habiles à détecter rapidement l'intelligence des hommes, peut-être en surveillant inconsciemment des traits comme la créativité et la fluidité verbale (Prokosch et *al.*, 2009). L'intelligence peut signifier qu'un homme sera un bon pourvoyeur et qu'il possède de bons gènes. Toutes choses étant égales, les hommes intelligents sont plus attirants que les hommes d'intelligence moyenne ou inférieure.

J'ai longtemps dit que les hommes seraient perdus sans les femmes et que tout ce que les hommes font, c'est dans le but d'obtenir la faveur des femmes et de les impressionner. Le film *Star Trek 8: Premier contact* me donne raison. Le professeur Zefram Chochrane y explique pourquoi il a risqué sa vie en inventant le système de propulsion fictif qui a changé le cours de l'humanité. «Je n'ai pas construit ce vaisseau pour marquer l'arrivée d'une nouvelle ère de l'humanité. Vous croyez que je veux atteindre les étoiles? Je n'aime même pas voler! J'ai construit ce vaisseau pour pouvoir prendre ma retraite sur une île déserte peuplée de femmes nues.» Grossier mais instructif. Les hommes sont prêts à risquer leur vie et leurs moyens d'existence pour impressionner les femmes. Nous sommes programmés pour faire valoir notre intelligence et notre savoir-faire, même s'il s'agit parfois d'un jeu de hasard et que les probabilités jouent contre nous.

• *Faire ce que nous croyons que vous voulez*

Nous savons que vous, les femmes, nous surveillez, et nous voulons vous impressionner. Malheureusement, nous pensons que vous ne vous intéressez qu'à l'homme parfait. Ce que vous voulez vraiment est quelque peu différent, selon des chercheurs allemands. Leur étude (Baur et Hofmeister, 2008) a constaté de sérieux écarts entre ce que les femmes trouvent attirant et ce que les hommes croient que les femmes trouvent attirant. Les hommes ont tendance à croire que les femmes ne s'intéressent qu'aux hommes qui ont tout: l'attrait physique, la tendresse émotionnelle et beaucoup d'argent.

Ce que les femmes de cette étude ont dit vouloir était très différent. Seulement 31 pour cent d'entre elles estimaient ces trois facteurs à mesure égale. Ces femmes voulaient le tout: le physique, la tendresse et la richesse. Les autres, soit 69 pour cent, estimaient qu'une combinaison de deux de ces facteurs était importante. Les traits masculins les plus convoités étaient liés aux deux premiers facteurs (beauté et tendresse) mais pas à la richesse: un sens de l'humour (dont tout psychologue vous dira que c'est une marque d'intelligence), la volonté de passer du temps avec sa partenaire et un amour des enfants. En outre, 20 pour cent des femmes ont dit ne pas être du tout d'accord qu'il soit important pour un homme de conduire une voiture de luxe, ce qui indique une réussite financière.

Ce dernier point peut éclairer pourquoi les hommes deviennent confus au sujet des désirs des femmes. Si vous vous souvenez, au chapitre 1, une autre étude semblait contredire celle-ci en indiquant que les femmes sont plus réceptives à accepter l'invitation d'hommes conduisant des voitures de luxe que d'hommes au volant de tacots (Palmer et Tilly, 1995).

Les messages contradictoires issus des études scientifiques sont les mêmes contradictions que les hommes doivent concilier dans la vraie vie. La plupart des hommes savent probablement que seules certaines femmes accordent une valeur primordiale à la réussite monétaire. Malheureusement, nous ne pouvons pas identifier ce que les femmes veulent seulement en les voyant. Par conséquent, nous semblons être programmés pour nous rendre attrayants au plus grand nombre de femmes possible, ce qui veut dire que nous supposons sans doute que toutes les femmes n'accepteront que l'homme parfait.

Cela nous place dans un piège mental qu'on peut passer toute une vie à élucider. Il s'agit de l'une des racines de la psyché masculine. C'est pourquoi nous posons des gestes ridicules quand nous tentons de vous conquérir, comme le jeune homme qui s'est mis debout sur sa moto, et c'est pourquoi les attentes nous jettent dans la confusion et la frustration, après que nous avons gagné votre amour.

Comment pensent les hommes

« Les femmes semblent présumer que nous savons automatiquement ce qu'elles veulent. Nous ne le savons pas. Nous ne lisons pas dans les pensées et nos priorités ne sont souvent pas les mêmes. Si vous voulez quelque chose, demandez-le. Il y a de bonnes chances que nous soyons heureux de servir. Je me rends compte que c'est partiellement sociétal, que les femmes sont élevées pour être indépendantes des hommes, mais, sérieusement, faites-le. Nous y gagnerons tous. »

Permettez-moi de parler statistiques pour un moment. Gagner l'affection d'une femme repose sur la gestion des erreurs. Comme j'en ai discuté dans mon ouvrage précédent, *The User's Guide to the Human Mind* (Smith, 2011), le mental est doué pour faire le bon type d'erreurs afin de nous maintenir en sécurité. Par exemple, supposez que vous marchez dans le bois et que vous entendez un bruissement dans les buissons. Votre cerveau gagera que quelque chose de dangereux fait ce bruit. Vous avez peut-être tort, mais vous aurez tort dans la bonne direction, celle de la sécurité. Parier à tort que la situation est sûre pourrait être désastreux. La prudence accroît les comportements protecteurs, comme s'immobiliser ou s'enfuir.

L'esprit masculin joue un jeu de hasard semblable lorsqu'il s'agit de gagner l'amour et l'admiration d'une femme. Si vous êtes un homme qui tente d'être attirant pour les femmes, il est logique de supposer que chaque femme demande un homme qui paraît bien, qui est tendre émotionnellement et qui a de l'argent. Après tout, près du tiers des femmes de l'étude ont admis vouloir un homme qui a tout, alors il est sensé pour un homme de prendre cette direction.

Mais cela prête à confusion pour les hommes. Par exemple, penchons-nous de plus près sur les messages contradictoires que reçoivent les hommes sur la richesse et les ressources. Dans une autre expérience liée aux voitures, des chercheurs ont pris des photos d'un homme dans deux voitures différentes, une Bentley argent coûteuse et une Ford Fiesta rouge économique, et ont demandé à des femmes de coter son attractivité (Dunn et Searle, 2010). Les femmes ont trouvé que l'homme, qui était vêtu de la même façon dans les deux photos, était significativement plus attrayant dans la Bentley que dans la Ford. Les chercheurs ont aussi fait l'expérience inverse et photographié une femme dans les deux mêmes voitures. Ils ont demandé à des hommes de coter son attractivité, et ils lui ont donné la même cote dans les deux.

Cela est remarquablement déroutant pour les hommes. La majorité des femmes affirment que la réussite matérielle n'importe pas, et cela ne fait aucun doute. Du même coup, les femmes jugent avec constance que les hommes riches sont plus attirants. Une fois de plus, les hommes sont tenus de concilier ces contraires en supposant que les femmes veulent tout dans un enveloppage sublime de perfection virile.

Ce type de message contradictoire a un effet profond sur la façon dont nous nous voyons. Nous avons tendance à mal nous juger et, typiquement, nous usons de prudence. Nous supposons que nous ne sommes pas à la hauteur, et cela nous motive à continuer d'essayer d'accroître notre attrait.

Prenons, par exemple, l'attirance physique. Les femmes comprennent exactement ce qui attire les hommes (Tovée et Cornelissen, 2001). Mais l'étude allemande mentionnée ci-haut, qui évaluait l'importance de l'attirance physique, de la tendresse et de la richesse, a observé que les hommes approchent leur propre attirance physique de la même façon qu'ils approchent l'argent: même les plus musclés croient que les femmes les veulent encore plus musclés. Toujours le même vieux schéma: nous ne sommes pas certains de ce que vous voulez de nous, alors nous présumons que nous ne pouvons jamais avoir trop d'une bonne chose.

Et même quand les femmes expriment leurs désirs directement, une petite voix dans l'esprit de l'homme demande: *Vraiment? Comment peux-tu être si certain qu'elle est honnête? Les femmes cachent ce qu'elles veulent vraiment. Essaie encore.* Notre désir de vous plaire, combiné à notre incertitude quant à ce que vous voulez vraiment, nous laisse dans l'angoisse constante de n'être jamais vraiment assez bons.

• *Entreprise risquée*

Voici un autre fait dont les hommes sont très conscients et qui prête encore plus à confusion entre les sexes: les femmes ont tendance à apprécier les hommes qui prennent des risques. Comme l'a dit une femme: «J'admire la volonté d'un homme de prendre des risques. Si un homme a une réelle confiance en lui, elle se dégage de lui sans qu'il ait à en faire un spectacle, et c'est très sexy.»

Mais, encore une fois, les désirs des femmes sont complexes, et nous sommes programmés pour les satisfaire de notre mieux. Nous prenons des risques au début de la relation, quand nous essayons de vous impressionner, mais notre comportement de prise de risques change à mesure que mûrit la relation.

Les hommes qui ne sont pas en relation tendent à prendre des risques qu'ils croient que les femmes vont admirer. Par ailleurs, les hommes qui sont dans une relation engagée prennent moins de risques, et plus ils sont engagés envers leur partenaire, moins ils prennent de risques (Frankenhuis et Karremans, 2012).

Pourquoi prenons-nous des risques? Pour la même raison que nous faisons toute autre chose: pour obtenir votre amour – et ça fonctionne. Les hommes qui prennent plus de risques dans les loisirs, les finances et en société tendent à avoir été davantage exposés à la testostérone en période prénatale (Stenstrom et *al.*, 2010) et, par conséquent, ils possèdent des traits masculins que les femmes en moyenne trouvent attirants. Les hommes qui prennent des risques, comme les hommes qui sont riches, ont généralement plus de succès au jeu de la séduction (Baker et Maner, 2008; Wilson et Daly, 1985).

Nombre de femmes déplorent qu'une fois que les hommes ont obtenu leur amour, ils prennent les risques en aversion. Ce changement de comportement est parfaitement sensé du point de vue masculin. Lorsqu'un homme courtise une femme, le département de marketing fonctionne à plein régime et il prend des risques. Quand il a son amour, il cesse de faire des choses qui menacent sa sécurité et s'attaque plutôt à des choses qui l'accroissent.

On dit que derrière chaque situation de deux poids deux mesures se cache une seule mesure. La seule mesure ici est le désir infini des hommes d'être efficaces. Être efficaces dans le fait d'attirer votre attention et de conquérir votre amour signifie prendre des risques. Être efficaces en conservant votre amour signifie procurer une sécurité. Les hommes développent aussi naturellement une aversion au risque à mesure que leur cerveau gagne en maturité – processus qui ne se termine pas avant la fin de la vingtaine – ajoutant ainsi une autre variable au déclin du comportement risqué.

Naturellement, il y a des concessions mutuelles découlant d'un sens accru des responsabilités et d'une moindre prise de risques. Notamment, quand ce changement fait que les femmes se demandent souvent ce qu'il est advenu du gars cool et aventureux de qui elles sont tombées amoureuses.

NOTRE AMOUR EST DIFFÉRENT DU VÔTRE

Dans notre société, nous, les hommes, peinons sous un préjugé qui nous garde perpétuellement à traîner derrière: la notion répandue selon laquelle la manière féminine d'être en relation est la bonne. Comme le dit un de mes collègues: «Le modèle de santé émotionnelle est basé sur le modèle féminin de l'expression émotionnelle.»

Voici comment un homme a décrit cette lutte: «On me reproche beaucoup de ne pas mieux communiquer, même si j'ai de bonnes intentions. On dit toujours aux hommes qu'ils doivent mieux communiquer. Qu'est-ce que les femmes doivent faire mieux? Rien, semble-t-il. On dirait toujours que c'est ma faute. Une femme peut-elle lever autant de poids qu'un homme? En général, non, et qui s'attend à ce qu'elle le fasse? Un homme serait imbécile de lui suggérer qu'elle le devrait. Pourquoi alors attend-on constamment des hommes qu'ils communiquent de la même manière que les femmes?»

Cet homme n'est pas le seul à vivre cette frustration. Il a mis des mots sur ce qu'un tas d'hommes connaissent. Nous avons appris des animateurs de talk-shows, des humoristes, des publicités télévisées, des comédies et des femmes de notre vie que les problèmes relationnels proviennent presque toujours du comportement masculin. On nous dit de mille et une manières que nous vous aimons inadéquatement.

Je crois qu'il y a une façon plus utile de voir le comportement relationnel masculin: il est simplement différent. Pas mieux, pas pire, seulement différent. Les hommes sont portés à manifester leur amour par des actes plutôt que par des mots, comme l'explique cet homme: «Nous communiquons par nos actions plus que par n'importe quoi d'autre. Les femmes tendent à faire tout un plat de la moindre chose mal exprimée, mais elles devraient mettre l'accent sur les actions. Je ne comprends pas comment omettre de commenter une coupe de cheveux peut éclipser quelque chose comme une sortie en ville ou donner des massages chaque soir ou un cadeau spécialement choisi.»

Je connais un homme qui pensait qu'il démontrait son amour à sa femme en rénovant leur maison. Mais elle voyait son comportement comme étant égoïste plutôt qu'aimant, et elle voulait quelque chose de différent: plus de communication et de connexion. Ils sont tombés dans une spirale dans laquelle elle demandait de l'affection que lui croyait lui démontrer par ses rénovations. Plus il tentait de démontrer son amour, moins elle se sentait aimée. Heureusement, avant qu'il ne soit trop tard, ils ont réalisé qu'ils avaient des façons différentes d'établir une connexion émotionnelle.

Il semble évident que les hommes et les femmes usent de moyens différents pour s'attirer les uns les autres, et la recherche le confirme. Par exemple, les hommes tendent à afficher leurs ressources et leur richesse pour attirer les femmes, alors que les femmes se fient davantage à se faire physiquement attirantes (Campbell et Ellis, 2005). Quiconque est allé dans un bar pour célibataires pourrait vous le dire, et la plupart d'entre nous ne jugent aucune de ces stratégies, elles sont simplement différentes.

Mais à mesure que les relations mûrissent, nous avons tendance à voir que la façon masculine d'exprimer l'amour est incorrecte. Ma profession n'aide pas. La psychologie est une entreprise basée sur les mots. Nous réparons les relations surtout en en parlant, et nous tendons à imposer cela aux hommes.

Je ne suggère pas que les hommes ne peuvent pas améliorer leur communication. Mais il est bon de reconnaître que la façon masculine de se connecter est une tentative de créer l'intimité, même si elle diffère des façons de se connecter préférées de la plupart des femmes.

Les hommes tendent à exprimer l'amour activement. Il peut ne pas en parler beaucoup, mais un homme qui change l'huile de votre voiture pourrait aussi bien vous lire des poèmes d'amour. Nous trouvons simplement qu'une huile propre est plus utile que *Elle marche tout en beauté* de Lord Byron, parce que nous voulons que vous soyez en sécurité et heureuses.

COMMENT PENSENT LES HOMMES

«On dirait que je peux m'esquinter à réparer des choses, à couper du bois, à bricoler sur les voitures, et même à faire des travaux ménagers, mais, d'une manière ou d'une autre, il y a un problème avec ce que je n'ai *pas* fait. Ça me fait vraiment reculer.»

Pour l'homme de votre vie
Une simple tâche

Dans le sondage que j'ai mené en rédigeant ce livre, bien des gars se sont plaints d'essuyer la critique des femmes parce qu'ils essaient de régler leurs problèmes. Les commentaires ressemblaient à: «Pourquoi se plaint-elle de son patron, de sa famille ou du bruit dans son tableau de bord puisqu'elle se fâche lorsque j'offre une solution?»

Lorsqu'une femme se plaint mais qu'elle refuse nos solutions (ou pire, qu'elle se fâche contre nous), on dirait qu'elle dit: *Voici une façon dont tu pourrais me rendre heureuse, mais je veux seulement que tu écoutes. Je ne veux pas que tu fasses quoi que ce soit.* C'est comme amener un chien au parc, lui montrer la balle de tennis qu'il adore et la remettre dans votre poche.

Nous, les hommes, contribuons au modèle quand nous devenons frustrés et que nous alléguons que les femmes devraient écouter nos solutions. Il existe une meilleure manière. Si vous êtes un homme axé sur les tâches – si vous démontrez votre amour en faisant plutôt qu'en parlant – essayez de recadrer les choses un peu. Quand la femme de votre vie commence à discuter d'un problème avec vous, demandez-lui ce qu'elle attend de vous. Veut-elle explorer des façons de le régler, ou veut-elle simplement en discuter pour l'instant?

Si elle ne veut qu'en parler, ce qui est une requête parfaitement raisonnable, alors votre tâche est de converser. L'idée est de porter attention, de comprendre ce qu'elle dit et de participer à la conversation. Faites-le correctement, et faites-le aussi efficacement que vous feriez n'importe quelle autre tâche. Il n'est pas nécessaire de compliquer les choses davantage.

Chapitre 3

Le changement des attentes

Faisons un bref inventaire des deux premiers chapitres. Les hommes veulent s'accoupler à long terme. Nous démontrons notre amour en étant utiles. Nous voulons être la chose la plus importante pour la femme de notre vie. Nous sommes vulnérables à la douleur, mais reconnaître notre vulnérabilité enfreint la règle du stoïcisme. Oh, et nous nous foutons complètement du type de voiture qu'une femme conduit.

Ces qualités masculines créent des situations uniques où nous obtenons finalement l'amour d'une femme et où les attentes face à la relation commencent à se développer. Parfois, les attentes changent au cours d'une relation, parfois elles demeurent constantes. D'une façon ou d'une autre, les hommes se demandent souvent ce que diable ils sont censés faire pour continuer à conquérir l'amour d'une femme.

Les chercheurs qui examinent rétrospectivement le rapport des hommes avec les femmes au cours des millénaires ont écrit rarement sur l'amour jusqu'à récemment. Ils ont plutôt utilisé des expressions stériles comme «formation de couple», qui désigne des hommes et des femmes conservant un engagement à long terme l'un envers l'autre, habituellement pour élever des enfants.

Il semble que la formation de couple ait besoin d'un ingrédient spécial pour réussir. Appelons-le «l'amour». Il s'avère que la formation de couple transcende temps et culture. Les gens le font depuis très, très longtemps, mais pas toujours exclusivement.

Les humains ont une longue histoire d'arrangements comme la polygynie (un homme avec deux ou plusieurs épouses en même temps), la monogamie sérielle, les liaisons secrètes, le cocufiage, et parfois même la polyandrie (une femme avec deux ou plusieurs époux en même temps).

Il semble que les humains – surtout les hommes – aient été ambivalents à propos de la monogamie dès le début. En majorité, les cultures ont adopté une certaine forme de polygynie (Murdoch, 1967). Peut-être est-ce attribuable au fait que les humains aiment *vraiment* le sexe. Mais cela ne veut pas dire que la monogamie est nécessairement un fardeau pour les hommes. Après tout, nous choisissons régulièrement de nous y engager. Vedettes rock et politiciens mis à part, les hommes de notre espèce semblent apprécier la monogamie – pour le bien des enfants, s'il n'y a rien d'autre!

Pour les hommes, le sexe n'est qu'un aspect du portrait d'ensemble, ce qui nous ramène à la vieille expression stérile de la «formation de couple». D'un point de vue pragmatique, la formation de couple est la stratégie qui réussit le mieux à un homme et une femme qui veulent assurer la survie de leur descendance. C'est sans doute pourquoi, même si les hommes comme les femmes ont historiquement aimé goûter à différents amants ou amantes, la formation de couple – et l'amour qui l'accompagne – transcende temps et culture (Campbell et Ellis, 2005).

Donc, si nous sommes destinés à nous lier en couple, pourquoi les hommes et les femmes se font-ils tourner en bourriques parfois? Je crois que cela tient en partie à deux tendances que je vois régulièrement dans ma pratique: les qualités qui attirent les femmes pendant qu'on les courtise ne sont pas nécessairement celles qu'elles veulent chez un partenaire à long terme, et les qualités masculines si attrayantes durant la cour peuvent devenir irritantes ou offensantes quand le revers de ces qualités se manifeste éventuellement.

Les hommes et les femmes changent à mesure que mûrit la relation, mais les hommes semblent particulièrement portés au type de changement qui fait que les femmes se demandent ce qui est arrivé à la personne de qui elles sont tombées amoureuses.

De mauvais garçon à enfant de chœur

Imaginez un couple de parents préhistoriques dans la savane. Ils auraient les mêmes préoccupations de base que les parents d'aujourd'hui: nourrir les enfants, avoir un toit sur la tête, garder le réservoir de la fourgonnette rempli. D'accord, peut-être que l'essence n'était pas un enjeu, mais ils se seraient souciés d'autres ressources.

Parce que le monde était alors plus simple et plus dur, il est tentant de croire que nos ancêtres étaient des versions simplifiées de nous-mêmes. Ce n'est pas tout à fait exact. Nos ancêtres étaient probablement tout aussi complexes que nous, mais l'hostilité de l'environnement a dû amener à la surface leurs qualités de survie.

Choisir une partenaire convenable est l'une des choses qui affecte la survie, et certainement la survie des enfants. Les hommes et les femmes voulaient certainement choisir le meilleur partenaire possible avec qui faire face au monde et élever leurs enfants. Toutefois, cela ne signifie pas que les regards préhistoriques n'étaient pas baladeurs. S'ils étaient comme nous, l'accouplement était un mélange complexe de monogamie et de polygamie pour les hommes et les femmes.

• *Le sexe et la fille préhistorique célibataire*

L'une des difficultés les plus déroutantes pour l'homme moderne est de décoder les désirs des femmes. Les femmes veulent-elles le mauvais garçon aventurier et excitant? Veulent-elles un enfant de chœur qui est bon, fiable et quelque peu ennuyeux? Veulent-elles un mélange des deux? Les hommes préhistoriques étaient peut-être tout aussi confus que nous le sommes aujourd'hui parce que, effectivement, les désirs des femmes sont complexes et ils peuvent changer quand nous, hommes perplexes, nous y attendons le moins.

Par exemple, les chercheurs ont découvert que les fantasmes sexuels des femmes comportaient souvent des rapports sexuels avec plus d'un homme, et que ces fantasmes sont plus fréquents quand les femmes sont dans la phase fertile de leur cycle. En fait, c'est à ce moment que les femmes modernes sont les plus susceptibles d'avoir des liaisons hors de leur relation ou d'avoir des rapports sexuels avec de multiples partenaires dans un court laps de temps, ce qui peut favoriser la compétition spermatique (Nummi et Pellikka, 2012). (À son tour, la compétition spermatique produit des enfants plus forts parce que le sperme d'hommes plus en santé et plus puissants tend à atteindre l'ovule avant le sperme d'hommes moins en santé et moins puissants, quand les deux nagent dans la même course en même temps.)

Comment cela a-t-il pu se passer jadis dans la savane? Quand une femme tombait enceinte, elle voulait certainement que le père soit présent pour sa protection. La grossesse et la petite enfance du bébé étaient des périodes vulnérables. Mais ses motifs pour devenir enceinte étaient assez complexes, et ne se limitaient pas à des fantasmes de prince charmant paléolithique lui vouant son amour éternel. Elle n'était pas idiote, ni particulièrement chaste.

Quand une femme préhistorique était intéressée par un accouplement à court terme, et qu'elle était dans la période féconde de son cycle, elle préférait probablement les hommes affichant des signes manifestes de testostérone, comme une charpente musculaire et un visage masculin (Schmitt, 2005). Ces gars auraient aussi eu une libido forte, peu d'engagement, et beaucoup de promiscuité – un sperme magnifique, mais pas un bon parti.

Pour un bon partenaire à long terme, elle aurait probablement préféré un homme avec de la stabilité, dévoué et avec une bonne capacité de pourvoir pour les enfants. Autrement dit, elle pourrait vouloir s'accoupler avec un Fonzie préhistorique, mais elle voudrait comme partenaire un homme gentil, ennuyeux, du type de Richie Cunningham*.

Le stéréotype d'une femme préhistorique à la merci d'hommes armés de gourdins qui prenaient toutes les décisions sur l'accouplement est une caricature très éloignée de ce qui a probablement été la réalité. Loin d'être impuissante, elle aurait exercé beaucoup de contrôle sur qui l'engrosserait et qui élèverait ses enfants, possiblement pas le même homme.

Et qu'en est-il des hommes de cette époque? Qu'auraient-ils voulu? La vieille idée selon laquelle les hommes préhistoriques voulaient du sexe avec autant de femmes que possible est également une simplification à outrance. À l'instar des hommes modernes, ils auraient ressenti le besoin de s'accoupler avec une femme spéciale, et ils auraient essayé de la garder.

COMMENT PENSENT LES HOMMES

«Je crois que les femmes peinent à comprendre quel genre d'homme est bon pour elles. Elles choisissent souvent des hommes qui, aux yeux des autres, sont nettement néfastes pour elles, puis elles se plaignent des résultats. Elles aiment les hommes sûrs d'eux. Eh bien, les hommes sont rarement super sûrs d'eux avec les femmes qui leur plaisent vraiment. Ils sont toutefois sûrs d'eux avec les femmes qui ne leur plaisent pas, ce qui attire les femmes vers des hommes qui ne les aiment pas beaucoup. Les hommes peuvent détecter cela à des kilomètres à la ronde. Les femmes semblent y être aveugles.»

Selon une étude récente, les méthodes d'un homme préhistorique pour retenir l'attention d'une femme auraient varié en fonction de son statut. S'il était un partenaire de peu de valeur

* Fonzie et Richie Cunningham sont deux personnages de la célèbre série télévisée *Happy Days*. Fonzie est un voyou réformé et un grand séducteur, et Richie est un bon garçon.

(c'est-à-dire de faible statut social, peu attirant ou porteur d'autres déficiences), il aurait probablement été forcé de l'obliger à rester en lui faisant mal, en l'insultant pour atténuer son estime de soi, ou en appliquant une pression désagréable pour limiter sa liberté. S'il était un partenaire de grande valeur (bel homme avec des liens sociaux et riche), il aurait tenté d'obtenir son affection indéfectible en lui offrant des avantages comme des ressources et la romance, les choses mêmes que l'homme de faible statut aurait de la difficulté à offrir (Starratt et Shackelford, 2012).

Ce n'est pas si différent de la façon dont les choses se passent aujourd'hui. Les hommes de grande valeur tendent encore à mieux traiter les femmes (Starrat et Shackelford, 2012). Ils essaient de maintenir l'intérêt de la femme pour la relation en la complimentant, en lui faisant des cadeaux et en tentant généralement de nourrir son affection plutôt que d'être possessif.

Mais je digresse un peu trop. L'idée est que les hommes préhistoriques avaient des moyens de tenter de maintenir la monogamie, même s'ils avaient les mêmes envies de promiscuité sexuelle qu'ont les hommes modernes, alors que les femmes exerçaient un contrôle serré sur l'identité du père de l'enfant qu'elles portaient. La vie amoureuse de nos ancêtres éloignés était plus complexe qu'on nous l'a laissé entendre.

• *Avançons de quelques millénaires*

La même circuiterie romantique qui existait chez les amoureux préhistoriques réside en nous aujourd'hui. Les hommes ont encore davantage un penchant pour la promiscuité que les femmes, mais la plupart d'entre eux tendent à la monogamie. Notre étude a demandé aux gens combien de partenaires sexuels différents ils aimeraient avoir idéalement dans les prochains mois. En Amérique du Nord, 23 pour cent des hommes mais seulement 3 pour cent des femmes ont dit qu'ils aimeraient avoir plus d'un partenaire (Schmitt et *al.*, 2003). Les chiffres pour les hommes de 10 régions allaient globalement d'un faible 17,9 pour cent en Asie de l'Est à un fort 35 pour cent en Amérique du

Sud, alors que les chiffres pour les femmes allaient de 2,6 pour cent en Asie de l'Est à 7,1 pour cent en Europe de l'Est, ce qui indique que le désir d'une certaine promiscuité est généralement plus élevé chez les hommes.

Ce qui ne veut pas dire que les hommes font habituellement tout ce qu'ils veulent, mais seulement qu'ils ont des envies. Les femmes en ont aussi. Dans une étude sur les femmes occidentales, une femme sur quatre a avoué une infidélité, une sur huit a admis avoir eu des rapports sexuels avec deux ou plusieurs hommes dans une période de 24 heures, et une sur douze a dit avoir eu un rapport en trio avec deux hommes (Gallup, Burch et Berens Mitchell, 2006).

Plus important encore – et c'est là que les choses prêtent à confusion pour les hommes –, un ensemble de recherches indique que les préférences des femmes pour les hommes peuvent changer avec leur cycle menstruel. Les femmes en phase fertile de leur cycle sont particulièrement attirées par des visages, des corps, des voix et des odeurs plus masculins, et tout porte à croire qu'elles sont plus vivement attirées par l'intelligence. En moyenne, les femmes déclarent une attirance plus forte pour d'autres hommes que leur partenaire durant cette phase, surtout quand leur partenaire n'est pas particulièrement doté de ces traits (Gangestad et Thornhill, 2003; Gangestad, Thornhill et Garver-Apgar, 2010).

Lorsque les femmes ne sont pas en phase fertile, leurs goûts semblent revenir à un type d'homme plus stable ou moins dynamique et excitant – le genre d'homme plus enclin à investir exclusivement dans une seule partenaire. Un homme de ce genre a habituellement des traits physiques qui correspondent à un taux plus faible de testostérone.

Je ne veux pas exagérer la chose. Ce n'est pas comme si les femmes préféraient un Rocky le mardi et un homme rose le vendredi. Les effets sont subtils, et c'est probablement pourquoi les hommes et les femmes ne les remarquent pas au quotidien. De plus, il est possible que certaines personnes ne soient essentiellement pas affectées par ces pulsions anciennes.

Néanmoins, la complexité des désirs des femmes suffit à ce que les hommes se demandent qui ils devraient être et comment ils devraient se comporter. Les femmes veulent-elles le mauvais garçon ou l'enfant de chœur? Il semble qu'à travers les époques, elles ont voulu les deux, mais pas nécessairement en même temps.

Étant toujours motivés à gagner votre affection, il semble que nous, les hommes, soyons bâtis pour vous donner les deux. Il est probable que nous soyons outillés pour être le mauvais garçon quand nous tentons de vous conquérir, et l'enfant de chœur une fois que c'est fait. Autrement dit, il semble que nous affichons nos traits plus masculins, plus près de Fonzie quand nous tentons de conquérir votre amour, mais nous passons en mode fiable à la Richie Cunningham quand nous avons une relation (et possiblement des enfants) à protéger.

Cet arrangement peut être tout aussi frustrant pour les femmes qu'il l'est pour les hommes. Une femme s'est exprimée ainsi: «Les hommes qui sont forts et ambitieux sont souvent arrogants et sexistes. Ils ne veulent certainement pas transiger avec le terrain émotionnel d'une relation. Les hommes gentils se plaignent souvent d'aller nulle part, mais ils demandent rarement ce qu'ils veulent. La sensibilité et le cran semblent s'exclure l'un l'autre.»

Les hommes semblent capables de s'adapter aux attentes changeantes des femmes, mais à divers degrés de réussite, comme l'illustre la citation ci-dessus. Si l'adaptation aux désirs d'une femme semble une stratégie d'accouplement efficace en théorie, il est difficile d'atteindre le parfait équilibre. Parfois, les hommes ne changent pas suffisamment et, parfois, ils changent trop.

• *Croyez-le ou non, les hommes aussi s'en font pour la relation*

Parce que nous, les hommes, sommes si stoïques, il est facile d'oublier que nous nous soucions aussi de la relation. Peut-être est-ce aussi parce que certains de nos soucis sont contre-intuitifs pour les femmes.

Par exemple, bien des hommes s'inquiètent de ce que la femme de leur vie les trouvera peu attirants s'ils se montrent vulnérables, alors qu'elle peut croire que cette vulnérabilité engendre l'intimité. Ou un homme peut craindre que, s'il admet une erreur, sa partenaire la lui remettra sous le nez, ce qui les éloignera. Elle, par ailleurs, peut croire que son honnêteté les rapproche.

Voici un autre problème fréquent. Bien des hommes craignent qu'ils ne soient pas capables de discuter ou de se défendre si une femme se met à reparler des différends du passé. Par conséquent, ils tendent à se fermer au premier signe de vieilles disputes. Les femmes, elles, peuvent voir que les conversations portant sur le passé les rapprochent de l'homme de leur vie.

On attribue cette phrase à Platon: «Soyez bons, car tous ceux que vous rencontrez livrent une grande bataille.» Même le gars qui a la dégaine de James Dean a plus d'une préoccupation et des soucis à l'égard de sa relation. Comme l'a exprimé un homme: «J'aimerais pouvoir lire dans les pensées des femmes.» Traduction: *Nous nous soucions de ce que vous pensez aussi.*

«Il n'était pas comme ça quand je l'ai rencontré»

Assez de ce préambule scientifique. Passons aux choses pratiques. Nombre de femmes déplorent que l'homme dont elles sont tombées amoureuses était passionnant mais qu'il est maintenant ennuyeux. Qu'est-il advenu de cet homme volubile, débrouillard, aventurier? Voici ce qu'en dit une femme: «Pourquoi les hommes deviennent-ils à l'aise et cessent de tenter d'impressionner leur compagne? Toutes les choses qui l'ont séduite au départ prennent fin, et elle se demande s'il ne faisait pas semblant.»

Je suis moi-même un exemple. Ma femme m'a indiqué que, depuis que nous sommes mariés, j'hésite à faire bien des choses amusantes que je faisais quand nous nous fréquentions, comme aller à bicyclette et faire des randonnées en montagne. Quelque part en cours de route, je suis devenu très sérieux. J'ai grandi, ou je suis devenu ennuyeux – selon que vous le voyez. Je ne sais même pas vraiment quand c'est arrivé.

Les hommes entrent dans des relations comme des héros pour se rendre compte finalement qu'il n'est pas facile de succéder à leur personnalité de prétendant. Nous commençons avec un charme princier et un charisme espiègle. Puis, nous finissons avec une roue de secours et quelques mots clairsemés. Les femmes peuvent être déçues, tandis que nous nous demandons ce qui a mal tourné.

• *Changement d'attentes 1:* *«Ce n'est pas l'homme que j'ai épousé»*

À mesure que mûrissent et changent les relations, l'un des défis que les hommes doivent relever comporte la même dynamique de couple qui existait il y a longtemps, chez les premiers humains: les qualités qui attirent les femmes durant la conquête ne sont pas nécessairement celles qu'elles veulent chez un partenaire à long terme. Les hommes jeunes croient souvent qu'ils doivent prendre des airs pour attirer les femmes, et les hommes plus âgés croient souvent qu'ils doivent se comporter comme s'ils avaient été domestiqués.

Voici comment un homme dans la vingtaine a décrit sa frustration avec le fait de courtiser:

– «Quand je parle aux femmes, je crois qu'il faut que je prétende être nerveux ou agressif. Ce n'est pas vraiment moi, mais si je ne porte pas ce masque, les femmes perdent de l'intérêt!»

Voici maintenant un homme marié dans la trentaine, bien après qu'il a terminé de faire sa cour:

– «Les hommes sont si simples, si faciles à rendre heureux. Je crois que cela frustre les femmes d'une certaine façon. Je crois aussi que bien des femmes veulent que nous les rejoignions à un niveau plus émotionnel, mais cela contredit ce qui les a attirées à nous au début. Elles veulent le type fort, silencieux ou le mauvais garçon, mais une fois que la relation est en route, elles veulent que nous soyons plus sensibles et ouverts à discuter de plein de choses. Malheureusement, je ne crois pas qu'il soit possible d'avoir les deux.»

Enfin, voici les sentiments d'un homme marié, dans la cinquantaine:

– «J'entends souvent des blagues à l'effet que les meilleurs mariages sont ceux où l'homme dit passivement *Oui, chérie*. Assurément, je suppose que cela évite les conflits et donne aux femmes tout le contrôle qu'on pourrait souhaiter avoir. Mais cela semble éliminer l'élan intérieur et l'esprit qui ont pu attirer une femme au départ.»

Chacun de ces hommes, aux stades respectifs de leur relation, semble confus et préoccupé de son efficacité. Chacun semble se demander: *Comment diable suis-je censé me comporter?*

J'ai parlé à de nombreux jeunes hommes récemment mariés qui comprennent que les attentes de leur partenaire ont changé, mais ils sont souvent incapables d'exprimer ce qu'on attend maintenant d'eux. En même temps, leur propre comportement change et ils constatent qu'ils ne sont plus autant aventuriers ou attentionnés qu'ils l'étaient.

Parfois, cela est attribuable à la tendance masculine de cesser de travailler si fort quand nous avons obtenu l'amour d'une femme. Et parfois, nous changeons à cause de la friction provoquée par les attentes d'une femme auxquelles nous ne répondons pas (et que nous abandonnons souvent nos élans aventuriers).

Dans un cas comme dans l'autre, la communication et la clarification des attentes peuvent nous éviter bien des déceptions. Quand les hommes et les femmes comprennent que leurs attentes changent, ils sont beaucoup plus à même de négocier leurs rôles à mesure que la relation évolue.

• *Changement d'attentes 2: «Avant, c'était charmant quand il faisait ça»*

Parfois, le changement des attentes dans une relation a moins à voir avec nos anciens élans qu'avec le simple fait que nos bonnes qualités – celles qui attirent nos partenaires – peuvent avoir un côté agaçant. Autrement dit, quand un homme *ne change pas* à mesure que la relation évolue, cela peut poser un problème.

J'ai rencontré Tyrone et Samantha deux ans environ après leur mariage. Samantha trouvait que Tyrone était devenu arrogant, entêté et autoritaire. Elle a dit que le problème est apparu autour de six mois après leur mariage.

Quand j'ai demandé à Samantha ce qui l'avait d'abord attirée chez Tyrone, elle a dit avoir aimé son charisme, sa détermination et le fait que c'était un leader-né.

Avec mon recul prudent, je pouvais facilement voir qu'être entêté et déterminé sont les deux faces d'une même pièce. La même chose s'applique à l'autoritarisme et au leadership, comme à être arrogant et avoir du charisme. Mais Samantha, qui était dans la position connue de ne pas voir la forêt à cause des arbres, ne reconnaissait pas que les qualités mêmes qui l'avaient d'abord attirée vers Tyrone – certains de ses traits les plus marquants – étaient les mêmes qualités qui l'ennuyaient maintenant et qui lui causaient de se sentir un peu opprimée.

Au début de la relation, elle aimait son attitude de prise en charge. Elle aimait qu'il organise leurs rendez-vous, qu'il conduise toujours, qu'il règle la facture au restaurant et qu'il lui tienne la porte. Mais le temps passant, elle a réalisé que l'assertivité de Tyrone empiétait sur sa capacité à elle d'exprimer ses propres désirs. Elle appréciait encore le caractère solide de son époux, mais elle ne voulait pas qu'il soit trop assertif, mais pas mauviette non plus. Comme Boucle d'Or, elle voulait que son niveau d'assertivité soit parfait.

Tyrone a eu un problème complémentaire à mesure que grandissait la relation. Une des qualités qui l'avait attiré chez Samantha était sa patience généreuse. Après quelque six mois de mariage, il se demandait pourquoi il devenait si argumentateur et malheureux. Comme tout homme bien, il voulait que sa partenaire soit satisfaite et joyeuse. Il ne se rendait pas compte que ses propres qualités les plus marquées devenaient un irritant.

Ce type de changement d'attentes n'est pas exclusif aux femmes; il va dans les deux sens. L'homme qui épouse une femme pour son intelligence peut devenir frustré lorsqu'elle intellectualise leurs disputes, et la femme qui épouse un homme dont elle admire l'ardeur au travail peut se sentir seule lorsqu'il ne vient pas dîner pour travailler quelques heures de plus au bureau. Cependant, selon mon expérience clinique, ce problème est particulièrement déroutant et frustrant pour les hommes, précisément parce qu'ils ont souvent le sens du devoir et le désir d'être efficaces. Un glissement d'attentes, comme celui de Samantha qui souhaite que Tyrone cesse d'être si volontaire, peut faire en sorte qu'un homme de devoir sente qu'il a échoué dans sa relation.

AVEC QUOI LES HOMMES SONT AUX PRISES

Les hommes détestent le sentiment d'échouer dans la relation. Nous vivons pour les femmes, et nous sommes perdus quand nous ne savons pas comment vous être utiles. Récapitulons rapidement les problèmes que les hommes vivent quand ils essaient de gagner l'affection des femmes.

- Nous sentons quand nous ne vous faisons pas plaisir, mais nous ne savons pas souvent comment y remédier.
- Nous sommes profondément affectés par votre humeur. Quand vous êtes malheureuses, nous sommes malheureux.
- La règle du stoïcisme nous empêche de vous approcher quand nous sommes inquiets, blessés ou frustrés.
- Il nous manque parfois l'entraînement ou le bon vouloir de mettre des mots sur nos pensées ou nos émotions.

- Nous présumons souvent que les problèmes de la relation sont notre faute parce qu'on nous enseigne que la manière féminine d'être en relation est la bonne.
- Nous avons tendance à reléguer nos émotions à des expressions secondaires comme la colère, l'humour ou le repli.
- Nous sommes déstabilisés lorsque les attentes changent dans la relation.

Ne vous méprenez pas. Je ne me plains pas au nom des hommes. Nous sommes des hommes, après tout, et que font les hommes? Nous réparons les choses! Ou, du moins, nous essayons.

Dans la deuxième partie du livre, je vais vous montrer à quoi ressemble un homme qui essaie de résoudre un problème relationnel. Celui-ci peut facilement nous échapper, parce que les stratégies de résolution de problème des hommes diffèrent souvent de celles des femmes, et elles ne fonctionnent pas toujours.

Tout de même, les stratégies de résolution de problème des hommes sont raisonnables d'un certain point de vue et, de fait, elles fonctionnent parfois.

POUR L'HOMME DE VOTRE VIE
TRAITER LE CHANGEMENT DES ATTENTES

Vous avez sans doute entendu des femmes se plaindre que les hommes de leur vie traversaient une triste métamorphose.

– «Il était amusant avant.»

– «Qu'est-il advenu du romantisme?»

– «Il n'est plus le gars aventurier qu'il était.»

Vous avez aussi probablement entendu des hommes se plaindre de changements chez leur femme ou leur petite amie.

– «Elle était amusante avant.»

– «Elle ne me critiquait jamais avant.»

– «Quand est-elle devenue comme sa mère?»

Les femmes tendent à déplorer que les hommes deviennent ennuyeux avec l'âge, et les hommes, que les femmes deviennent plus exigeantes. Les attentes changent à mesure qu'évolue la relation, et nous, les hommes, peinons souvent à nous adapter.

C'est déjà assez difficile pour nous de parler de la relation quand tout va bien, et certains d'entre nous se ferment comme une huître quand vient le temps de discuter de changements. Mais nous retirer de ces conversations peut nous coûter notre intégrité et rendre la femme de notre vie bien malheureuse.

Je connaissais un gars qui avait un sens aigu de ce que veut dire être un homme. Il croyait qu'un homme doit être zélé et honorable, et qu'il ne devait rien épargner pour servir sa famille.

Cet homme fort a épousé une femme tout aussi forte qui était également tout aussi entêtée. Leurs valeurs et leurs personnalités semblaient parfaitement assorties. Mais à mesure que la relation a évolué, leur force et leur candeur ont tourné en querelles. Ils ont commencé à avoir des luttes de pouvoir, et il trouvait plus facile de s'éloigner de sa femme que de se disputer avec elle. *Peut-être sera-t-elle contente si j'arrête d'argumenter,* se disait-il. *Au moins, je n'aggraverai pas les choses.*

Mais il a aggravé les choses. Son retrait a laissé à sa femme un sentiment d'inquiétude face à la relation, alors elle a commencé à le presser de parler. Plus elle faisait pression, plus il se retirait dans son garage, au golf et avec son sac de marijuana. Il se sentait émasculé, et elle se sentait seule et déçue. *Il n'est plus le même gars qu'il était,* se disait-elle. *C'est un empoté.*

Quand ils ont enfin réalisé ce qui se passait – qu'il se retirait afin de garder la paix – ils ont fait place dans la relation aux qualités qu'elle avait aimées au départ.

Il a cessé de reculer devant elle, elle a assoupli son approche envers lui, et ils ont appris à négocier leurs différences. Ils étaient tous deux heureux, de nouveau. (Incidemment, il a cessé ses envies de marijuana quand il a cru avoir regagné sa virilité.)

Peu importe ce que vous apportez à la relation, que ce soit un tas d'opinions fermes ou un penchant pour la musique douce et les bougies, vous avez la responsabilité de participer aux discussions franches sur ce que votre partenaire attend de vous.

Les relations changent et croissent. Si un homme ne change ni ne croît avec elles, il est destiné à perdre son intégrité en disparaissant dans l'ombre ou en réagissant de façon contraire à ses valeurs, comme se perdre dans un sac de marijuana ou une bouteille de vodka.

La vie est courte. Ne passez pas de précieuses journées à geindre ou à vous isoler parce que votre partenaire est devenue malheureuse avec vous. Trouvez une façon d'incorporer vos qualités à la relation.

Cela peut vouloir dire avoir de véritables conversations avec votre partenaire. Ne vous en faites pas si vous ne savez pas par où commencer, vous n'êtes pas le premier avec ce problème.

Vous pouvez commencer en proposant vos idées à un ami, ou prendre un moyen radicalement plus efficace et retenir les services d'un professionnel pour vous guider dans votre relation changeante. Il n'y a pas de honte à payer pour de judicieux conseils qui peuvent prévenir une vie de luttes.

2E PARTIE

Pourquoi les hommes n'ont-ils simplement pas de bon sens parfois

Il existe un préjugé chez les psychologues, dans les médias et, semble-t-il, chez la plupart des gens: quand il s'agit de relations, les femmes sont les expertes. Il y a sans doute une part de vérité à cet énoncé – c'est peut-être pourquoi les hommes se fient aux femmes pour les affaires de cœur. Mais les hommes possèdent aussi une sagesse des relations.

Il est vrai que la façon dont les hommes approchent les problèmes relationnels empire parfois les choses, et certains ne savent tout simplement pas comment cesser de s'enfoncer dans un trou. Mais, à certaines occasions, la manière masculine de résoudre les problèmes est très efficace, et peut parfois même être la plus utile.

Le couple averti ne rejette pas le répertoire relationnel masculin, même s'il manque de raffinement. Après tout, comme tout homme bien vous le dira, vous ne pouvez jamais avoir trop d'outils.

Chapitre 4

La manière masculine est parfois la plus utile

Il y a une vieille énigme à propos d'un fermier qui revient du marché où il a acheté un chien, une oie et un chou. Il a une petite embarcation où il ne peut loger que lui-même et un article pour traverser la rivière et se rendre à la maison. S'il laisse le chien seul avec l'oie, le chien la mangera. S'il laisse l'oie avec le chou, elle mangera le chou.

Comment transporte-t-il tous ces articles en sécurité de l'autre côté de la rivière en faisant le moins de voyages possible? Allez-y, résolvez l'énigme, je vais vous attendre ici.

Prêts? Voici la réponse. D'abord il fait traverser l'oie de l'autre côté puis il revient. Ensuite, il fait traverser le chien et ramène l'oie. Il laisse l'oie sur le premier rivage et transporte le chou de l'autre côté. Le chien et le chou sont maintenant en sécurité de l'autre côté. Finalement, il retourne chercher l'oie. En aucun temps le chien n'a eu la possibilité de manger l'oie, pas plus que l'oie n'a eu accès au chou.

Qu'est-ce que tout cela a à voir avec l'harmonie entre les sexes? Pas mal, en réalité. C'est une illustration du fait que différents genres de problèmes exigent diverses stratégies de résolution. Vous avez sans doute remarqué que les hommes et les femmes ont une approche différente des choses, c'est le moins qu'on puisse dire.

Si vous avez essayé de résoudre cette énigme, comment vous y êtes-vous pris? Avez-vous opté pour une approche en collaboration, avec un groupe d'amis pour générer des solutions? Ou avez-vous adopté une approche plus individualiste, comme en dessinant une solution sur du papier ou en visualisant la trajectoire du fermier dans votre tête?

Chaque méthode fonctionnerait, mais une approche individualiste est plus efficace pour ce genre de problème. Rassembler vos amis pour une séance de remue-méninges prendrait plus de temps que ce qu'il vous faudrait pour résoudre l'énigme seul.

En certaines occasions, les approches en collaboration sont les plus appropriées, mais leur réputation est surfaite. Le concept de remue-méninges – le processus de résolution de problème en collaboration dans lequel un groupe génère autant d'idées que possible sans critique – remonte aux années 1940 lorsqu'un cadre en publicité, Alex Osborn, a écrit un livre intitulé *Your Creative Power* (1948). Il a consacré tout un chapitre à cette approche de résolution de problème en collaboration. De prime abord, elle semblait parfaitement sensée: plus il y avait de gens «bombardant» un problème comme des commandos, plus ils généreraient de réponses, n'est-ce pas?

Faux, comme il s'est avéré. Le concept de remue-méninges a été cavalièrement discrédité en 1958 (et bien des fois depuis), peu après qu'il a pris le monde des affaires par surprise. Une étude du département de psychologie de Yale a constaté que les personnes qui prenaient part à une séance de remue-méninges produisaient en réalité moins de solutions créatrices, et des solutions de moindre qualité que les personnes qui travaillaient individuellement (Taylor, Berry et Block, 1958).

Cela ne veut pas dire que la résolution de problème individuelle est toujours meilleure. La collaboration est parfois plus efficace, selon la nature du problème et la relation entre les collaborateurs. Il est utile que les participants se connaissent assez pour pouvoir offrir des commentaires honnêtes, critiques (Lehrer, 2012).

L'idée est que, parfois, la collaboration fonctionne mieux et qu'en d'autres occasions, l'approche individuelle est préférable. L'énigme du fermier est un bon exemple de cela – parler pourrait être nuisible, même si je ne crois pas qu'il y ait un sentiment masculin plus stéréotypé ou une source plus fréquente d'irritation dans des relations. Évidemment, nous, les hommes, n'avons pas l'intention d'irriter, pas plus que c'est par accident que nous abordons les problèmes comme nous le faisons.

POURQUOI LES HOMMES SONT INTRÉPIDES POUR RÉSOUDRE LES PROBLÈMES

Vous êtes-vous déjà demandé pourquoi les hommes aiment Batman, pourquoi ils veulent *être* Batman? C'est parce que Batman est débrouillard. Il a des outils. C'est le parfait bricoleur. Batman n'est jamais pris les culottes (O.K., les collants) baissées, et il a la ténacité de résoudre n'importe quel problème.

La vraie question est pourquoi les hommes veulent être capables de résoudre n'importe quel problème. Pourquoi ne pas laisser quelqu'un d'autre s'en charger ou attendre que les choses se règlent d'elles-mêmes? Et ce qui est encore plus pertinent pour ce livre, pourquoi les hommes ressentent-ils le besoin de sauter dans l'action ou d'offrir des solutions chaque fois que les femmes veulent simplement causer et connecter avec leur partenaire?

La réponse, sans surprise, est que la débrouillardise nous rend plus attrayants pour les femmes. (Ai-je déjà mentionné à quel point vous êtes importantes pour nous?)

COMMENT PENSENT LES HOMMES

«Les hommes sont des solutionneurs de problèmes. Si vous venez à nous avec des problèmes, notre propension naturelle est d'essayer de les résoudre.»

Les mâles humains ne sont pas les seuls à essayer d'impressionner les dames. Les jardiniers satinés mâles d'Australie sont de petits oiseaux rusés qui construisent d'impressionnantes tonnelles à leur taille avec de l'herbe et d'autres matériaux qu'ils trouvent aux alentours. Leur nom leur provient de ces constructions de jardin qu'ils érigent. Le but, comme vous l'avez sans doute deviné, est d'attirer les jardinières satinées femelles, qui magasinent le mâle ayant la plus belle tonnelle.

Les jardiniers satinés mâles ont la réputation d'être plutôt intelligents, et un groupe de chercheurs a voulu apprendre dans quelle mesure les femelles appréciaient l'intelligence de leur partenaire. À cette fin, ils ont présenté des défis étranges aux jardiniers pour vérifier leur intelligence (Keagy, Savard et Borgia, 2009).

Par exemple, les chercheurs ont déposé des tuiles de couleur gênantes autour de tonnelles soigneusement construites par les oiseaux. Les oiseaux rusés ont vite compris qu'ils ne pouvaient pas enlever les tuiles, alors ils ont entrepris de les camoufler. Les chercheurs ont classé par rangs les oiseaux mâles d'après leur performance, du plus intelligent au moins intelligent. Naturellement, le mâle le plus intelligent avait plus de succès pour s'accoupler. Cela signifie que soit l'intelligence aide les mâles à attirer les femelles, soit que celles-ci préfèrent les mâles plus intelligents, ou les deux. De toute façon, l'intelligence augmente les chances de succès de l'accouplement.

La similitude est évidente entre les tonnelles que construisent ces oiseaux et les maisons, les ponts, les carrières et les terrasses que les hommes construisent – tous des témoignages raisonnables de l'intelligence de l'homme. Bien sûr, la taille d'une terrasse d'un homme, ou de son cerveau, n'est pas apparente dès la première rencontre, alors nous, les hommes, avons développé des façons plus subtiles de signaler notre habileté à la résolution de problème.

L'humour est l'un de nos signaux les plus importants. Il prédit l'intelligence, la créativité, de bons gènes et de bons traits de parentage. Et vous savez quoi? Comme un bon jardinier satiné, un bon sens de l'humour prédit du succès à l'accouplement, au moins pour les hommes.

En général, les hommes ont des scores plus élevés que les femmes à la capacité de faire de l'humour, ce qui suggère que le sens de l'humour humain a évolué, du moins en partie, en un indicateur par lequel les femmes peuvent prendre la mesure d'un homme (Greengross et Miller, 2011). C'est peut-être pourquoi les hommes indiquent qu'ils essaient d'être plus drôles quand ils flirtent avec les femmes: cela leur permet de transmettre subtilement leurs qualités sous-jacentes (Wilbur et Campbell, 2011).

Et, en fait, les femmes ne font pas qu'apprécier l'humour, elles s'en servent inconsciemment pour évaluer les hommes, le prenant comme un signe d'intelligence et de charme (Wilbur et Campbell, 2011). Il sert aussi de simple indication qu'un homme pourrait s'intéresser à une femme. (Au cas où vous vous le demandiez, les hommes apprécient aussi l'humour chez les femmes, mais l'évaluent différemment. Un homme n'exclut pas habituellement une femme parce qu'elle n'est pas drôle.)

Voici une dernière preuve que l'humour, qui est une indication d'intelligence, est entremêlé à l'amour. Les hommes et les femmes classent l'humour comme étant très important chez un partenaire éventuel (quoique les femmes le mesurent d'un œil plus évaluateur). Nous croyons que les gens sont plus amusants quand ils nous intéressent, et nous tentons d'être plus drôles quand nous essayons d'attirer leur attention. L'humour sert d'indicateur de l'intérêt, surtout au début des relations (Li et *al.*, 2009).

Quand j'ai demandé aux femmes ce qu'elles préfèrent chez les hommes, l'humour et l'intelligence étaient en tête de liste. Voici certaines de leurs réponses:

- «Ce que j'aime le plus chez les hommes, c'est leur côté enfantin. Le sens de l'humour et du jeu que possèdent certains hommes est de loin ce qui est le plus attirant.»
- «Ce que j'aime le plus? Leur sens de l'humour, leur masculinité et leur force.»
- «L'humour. La protection. La force.»

Les hommes veulent être débrouillards parce que cela les rend plus attrayants, en théorie du moins. Mais nous, les hommes, avons tendance à en faire trop, et nous essayons souvent d'être astucieux, même quand cela joue contre nous.

Nombre de femmes qui ont répondu à mon sondage m'ont dit que l'instinct masculin de résolution de problème devient nettement désagréable quand nous comprenons mal la situation et que nous offrons des solutions non réclamées. J'y reviendrai plus tard. D'abord, examinons comment les hommes approchent généralement les problèmes. Comme Batman, les hommes regagnent souvent leur tanière, et c'est une source de friction considérable entre hommes et femmes.

L'HOMMINGÉNIERIE

Combien d'hommes faut-il pour changer une ampoule? Tout homme bien connaît la réponse: un. Changer une ampoule n'est pas une activité de groupe. À moins qu'un homme se trouve dans un sous-marin ou une mine de charbon, remplacer une ampoule tient davantage d'une nuisance que d'un problème, et il ne consacrera probablement pas beaucoup de temps à le faire ou à y penser. Et même pour des problèmes plus complexes, nous avons une propension pour une manière virile, stoïque, de trouver nos solutions. J'aime qualifier cela «d'hommingénierie». Cette approche comporte de se fermer la trappe, de mettre les mains sur le problème et de l'éliminer pour pouvoir passer au défi suivant.

Je descends d'une longue et fière lignée d'hommingénieurs. C'est une stratégie formidable pour certaines choses, et horrible pour d'autres. De toute façon, je veux que vous sachiez à quoi ressemble la résolution de problème masculine parce qu'elle donne souvent l'impression que nous ne nous en soucions pas, alors qu'en fait nous bûchons sur un problème dans les confins de notre esprit. L'hommingénierie a deux qualités: elle est introspective et elle est mécaniste.

• *La résolution de problème masculine est introspective*

Les femmes tendent à communiquer tôt et souvent à propos d'un problème. Les hommes sont plus enclins à voir la communication comme un outil, et quand ils la voient comme le mauvais outil pour le travail, ils croient qu'elle devrait être rangée proprement dans le coffre à outils. Bien des hommes croient que les parties les plus importantes pour résoudre un problème prennent place dans leur tête, ce qui peut être lié aux différents types de problèmes que les hommes et les femmes excellent à résoudre.

Les femmes sont meilleures dans ce que les psychologues appellent les tâches de raisonnement divergent, par exemple énumérer autant d'usages intéressants et inhabituels que possible pour une brique. Cela demande des habiletés comme de penser à de nombreuses catégories simultanément et produire des réponses inusitées.

Les hommes tendent à être meilleurs dans les problèmes d'intuition ouverts et mal définis. Par exemple: «Si vous avez des bas noirs et des bas bruns dans un tiroir, mélangés dans un ratio de quatre à cinq, combien de bas devrez-vous retirer pour obtenir une paire assortie?» (Réponse: trois. Si les deux premiers sont un noir et un brun, le troisième sera apparié à l'un d'eux.) Ce type de résolution de problème exige la capacité de réfléchir profondément à un problème et de produire des solutions originales, appropriées et axées sur des objectifs (Lin et *al.*, 2012).

Vous vous dites peut-être: *Et alors?* Eh bien, les tâches de raisonnement divergent, auxquelles les femmes excellent, font appel à des aptitudes comme le langage, l'association libre et la mémoire à long terme. Elles sont fondées sur les mots.

Par contre, les problèmes d'intuition, auxquels les hommes excellent, exigent différentes aptitudes, comme la capacité de visualiser des arrangements mécaniques ou d'imaginer des suites d'événements. Ils demandent des capacités cognitives qui sont davantage non verbales.

C'est un de ces domaines où il est tentant d'exagérer les différences entre les hommes et les femmes. Chaque sexe possède ces deux ensembles d'aptitudes, et aucun n'en a le monopole. Certaines femmes sont meilleures que les hommes dans les problèmes d'intuition et certains hommes surpassent les femmes dans le raisonnement divergent. Néanmoins, la plupart des gens sont meilleurs dans l'un que dans l'autre, et en général, les hommes excellent dans les problèmes d'intuition.

Pour accompagner ces différents ensembles d'aptitudes, les hommes et les femmes ont tendance à avoir divers styles d'apprentissage. Généralement, les garçons d'âge scolaire réussissent mieux que leurs camarades féminines dans les milieux d'apprentissage individualistes et compétitifs. Ils deviennent des apprenants autonomes dans des matières comme les mathématiques, et ils ne répugnent pas à travailler en solitaire pour résoudre des problèmes complexes. Ils aiment exercer leur indépendance et ne craignent pas de prendre des risques et d'inventer de nouvelles solutions. Les filles, par ailleurs, tendent à suivre les procédures standards de résolution de problème dans des matières comme les maths. Elles tendent à redouter les risques et à être moins inventives dans ce domaine (Catsambis, 2005).

Rien de cela ne suggère que les garçons sont supérieurs aux filles en maths. En fait, les données probantes disent que les deux sexes sont généralement également doués, bien qu'il y ait plus d'hommes aux extrémités supérieure et inférieure de l'échelle de QI (Deary et *al.*, 2003). Il semble plutôt que les problèmes de maths, et l'environnement où ils apparaissent, peuvent mieux convenir au style individualiste de résolution de problème des garçons.

Un groupe de chercheurs a demandé à des élèves du secondaire de résoudre des problèmes de physique en paires du même sexe et en paires mixtes (Harskamp, Ding et Suhre, 2008). Les paires du même sexe ont eu des résultats semblables, malgré des approches distinctement différentes de résolution de problème. Pour les filles des paires mixtes, cependant, les résultats ont souffert légèrement. Elles n'ont pas appris autant que les garçons des paires mixtes, les filles des paires de même sexe ou les garçons des paires de même sexe. Si on en juge d'après cette expérience, les styles de résolution de problème des hommes et des femmes sont semblablement efficaces, mais ne se mélangent pas toujours bien, même lorsqu'il s'agit de problèmes simples.

COMMENT PENSENT LES HOMMES

« Si je ne parle pas, c'est parce que je réfléchis, surtout si j'ai des difficultés avec elle. Je pense à la façon d'améliorer la situation pour nous deux. Je ne me referme pas ou je ne me distancie pas. »

La manière individualiste dont bien des hommes approchent les problèmes inclut des comportements et des caractéristiques qui, bien que souvent efficaces, peuvent rebuter quelqu'un qui préfère une approche d'équipe:

- Les hommes se fient à eux-mêmes pour trouver une compréhension de la situation avant de rechercher l'aide des autres.
- Ils tendent à agir avant de consulter, plutôt que le contraire.
- Pour les hommes, les solutions comptent davantage que le processus.
- Quand ils travaillent ensemble, les hommes utilisent la communication non verbale plus que les femmes. (Si vous voulez une démonstration de la différence, observez deux hommes déplacer un sofa, puis regardez deux femmes faire la même chose.)
- Les hommes voient souvent la résolution de problème comme une occasion de démontrer leur efficacité, plutôt qu'une occasion de se connecter aux autres.

Prenons un bref mais nécessaire aparté pour discuter ce dernier point. La nature introspective de la résolution de problème masculine ne devrait pas être méprise comme étant individualiste ou antisociale. Les hommes ont une mauvaise réputation d'être trop autonomes et antisociaux. C'est parce que les professionnels, comme moi, et les livres, comme celui-ci, tendent à mettre l'accent sur un seul type d'interaction: en tête à tête, relations intimes – le genre d'interaction où les femmes sont plus efficaces que les hommes.

Les hommes ne sont pas sans désir ou aptitude à se connecter aux autres. Nous sommes également sociaux, mais différemment. Les femmes tendent à exceller en petit groupe avec des relations intimes, alors que les hommes fonctionnent mieux en large groupe avec des relations plus distantes. Les activités de groupe, allant des parties de chasse aux firmes comptables, sont habituellement plus attirantes pour les hommes.

Cela ne veut pas dire que les femmes ne peuvent pas bien fonctionner en équipe, ni que les hommes ne peuvent pas bien fonctionner avec des relations intimes, mais simplement que les hommes semblent plus intéressés par les groupes, et qu'ils fonctionnent particulièrement bien dans ce contexte. Cela débute durant l'enfance, quand les filles préfèrent jouer à deux alors que les garçons préfèrent les groupes. Et lorsqu'il y a un problème à résoudre, les filles réussissent mieux à deux et les garçons, en groupe (Benenson et Heath, 2006).

Comme nous en avons discuté au chapitre 1, les hommes veulent être des membres productifs de groupes prospères. Nous sommes des créatures sociales, comme les femmes. Mais nous aimons aussi travailler seuls, et nous voulons parfois nous fier à notre propre esprit d'initiative.

Pour la plupart, nous ne sommes pas des loups solitaires. Plus souvent qu'autrement, notre approche introspective veut simplement vous impressionner ou ressentir un petit sentiment de conquête en réparant quelque chose. Personnellement, je crois que c'est le désir secret de tout homme de trouver une solution à un problème par lui-même, puis de la soumette à son équipe et d'être un héros.

• *Les hommes ont besoin d'équipes*

Les femmes sont généralement plus à l'aise que les hommes dans les relations étroitement tissées. Historiquement, les femmes ont concentré leurs efforts sociaux sur de petites unités intimes plus caractérisées par la coopération que par la compétition.

Les hommes, par ailleurs, ont été historiquement attirés par de plus grands réseaux librement connectés. Les femmes peuvent aussi fonctionner dans ces réseaux, tout aussi efficacement que les hommes. La distinction ne fait que refléter comment les hommes et les femmes se sont ajustés dans toutes les cultures. Les hommes aiment se joindre à des équipes et compétitionner avec d'autres hommes.

Cette différence de préférence sociale importe beaucoup dans les relations intimes. Les hommes peuvent devenir dépassés par le niveau d'intimité auquel les femmes fonctionnement facilement. Nous désirons cette intimité, mais nous voulons aussi être un pilier dans un système plus grand, ce qui divise notre attention et fait parfois en sorte que les femmes se demandent à quel point nous sommes engagés dans une relation intime.

La plupart des hommes doivent être capables de passer de leurs relations intimes à leurs équipes. Cela ne veut pas dire que nous vous aimons moins. En fait, tout comme nous avons envie d'aller vers notre équipe quand nous sommes avec notre partenaire, inversement, nous avons envie d'être avec notre partenaire quand nous sommes avec notre équipe. Demandez à tout soldat en mission ou à un homme bien que son entreprise a envoyé travailler outre-mer. Au milieu d'une activité d'équipe intense, nous sommes souvent très fortement attirés vers la maison et les gens que nous aimons.

Les hommes les plus heureux et les mieux adaptés ont trouvé un juste équilibre entre l'amour et le travail d'équipe.

Quand les proches d'un homme bien sont prêts à le laisser aller de temps à autre, il revient habituellement à la course dès qu'il le peut.

• *La résolution de problème des hommes est mécaniste*

La deuxième caractéristique de l'hommingénierie est sa nature mécaniste. Restons sur le sujet des maths un instant. Les femmes sont sous-représentées dans les carrières de mathématiques intenses. Il est tentant de jeter le blâme sur une sorte de conspiration masculine ou de différence d'aptitudes, mais l'explication la plus simple et la plus exacte semble être celle dont on discute le moins: les hommes aiment simplement les chiffres plus que les femmes. Les femmes sont aussi capables, mais pas aussi intéressées (Ceci et Williams, 2010). L'amour des chiffres semble faire partie de la vision mécaniste masculine des choses.

Dans son livre au titre ironique *Is There Anything Good About Men?* (il croit que oui), le psychologue Roy Baumeister (2010) indique que le divertissement des hommes est rempli de chiffres, mais pas celui des femmes. Les magazines pour hommes, par exemple, sont bourrés de statistiques sur les sports, les voitures, les armes à feu, l'exercice, et tout ce qui peut intéresser les hommes. Il a remarqué que même les jeux vidéo destinés aux garçons et aux hommes présentent des statistiques et des chiffres, comme les représentations numériques de la force. Pour les hommes, les chiffres sont amusants. Baumeister fait aussi remarquer que les chiffres dans le divertissement pour femmes sont habituellement associés à quelque chose de mauvais, comme les calories, mais que, la plupart du temps, les chiffres sont absents.

Cette affinité pour les chiffres n'est qu'un exemple de la façon dont les hommes sont plus mécanistes dans leur vision du monde. Je ne prendrai pas trop de temps à plaider ce cas parce que, comme aiment le dire les professeurs, certaines choses sont évidentes par intuition. Le marché des clés dynamométriques et des compresseurs d'air ne vise pas les femmes.

L'approche masculine mécaniste de la résolution de problème a d'importantes implications qui, de nouveau, peuvent être très efficaces mais parfois rebutantes:

- Les hommes voient le monde différemment des femmes.
- Les hommes qui s'appuient sur une approche mécaniste qui les a bien servis peuvent être désemparés quand cette approche ne convient pas à des problèmes non mécanistes, comme les difficultés interpersonnelles.
- Les hommes sont à l'aise avec des problèmes qui font appel à une approche active et dynamique. Qu'on pense à changer un pneu, qui ne se changera pas lui-même. (De plus, résoudre un problème difficile comme changer un pneu sans cric vaut quelques points supplémentaires sur le bulletin-homme.)
- Les hommes peuvent aborder les problèmes non mécaniques, comme les difficultés interpersonnelles, avec une approche mécaniste. Par exemple, ils peuvent indiquer à leur partenaire où elle échoue, et ce, au moment précis où c'est la chose la moins utile à discuter.

• *Pourquoi les hommes sont avides de compliments*

Est-ce qu'il vous semble que l'homme de votre vie a besoin d'être flatté et complimenté pour chaque petite chose? Est-ce qu'il semble attendre une démonstration de gratitude chaque fois qu'il change une ampoule? Si c'est le cas, il y a de fortes chances qu'il essaie de démontrer son amour par de petits services. Il peut rechercher votre gratitude comme étant une indication que vous l'aimez aussi.

Malheureusement, fournir toute cette gratitude peut devenir une corvée. Si c'est le cas, parlez-lui-en. Rassurez-le que vous comprenez son intention et, en même temps, gardez en tête que chaque petit service est comme dire «je t'aime». Exprimer de la gratitude peut être moins irritant si vous le reformulez pour vous-même comme étant une façon différente de dire «je t'aime».

• *La loi de redoubler d'effort*

L'une des choses que les hommes apprennent toute leur vie est de continuer d'essayer. On nous enseigne que, lorsqu'une solution à un problème ne fonctionne pas, c'est parce que nous n'y avons pas mis assez d'effort. Si un garçon peine à trouver une réponse à un problème comme l'énigme du fermier qui traverse la rivière, les hommes de son entourage vont probablement lui donner un petit indice et le retourner au problème en lui disant d'essayer de nouveau. Cela nous enseigne la persévérance, qui est une merveilleuse qualité utile dans maintes situations. Dans les relations, cependant, cela peut nuire (j'y reviendrai plus en détail au prochain chapitre).

La résolution de problème masculine convient parfaitement aux problèmes comme cette énigme. Pour trouver la réponse, un gars n'a qu'à bûcher sur le problème de façon méthodique, introspective, individualiste. L'hommingénierie signifie mettre les pieds dans les étriers, les mains sur le problème ou le crayon sur le papier. Cela veut dire prendre en charge, être débrouillard et faire disparaître le problème pour ainsi continuer notre vie. Ce n'est pas toujours joli, mais ça fait le travail. Pour l'hommingénieur, la réponse compte plus que le processus.

Pourtant, cela se retourne parfois contre soi. Les hommes peuvent être excellents à construire et réparer les choses, mais, tout comme une personne peut dépendre trop de la communication pour régler un problème, l'hommingénieur peut se fier à l'excès à son approche individualiste et mécaniste.

POURQUOI L'HOMMINGÉNIERIE EST SI FANTASTIQUE... ET SI DIFFICILE À VIVRE

L'hommingénierie est parfaite quand les résultats comptent, mais les résultats ne sont qu'une considération dans les relations, où il est aussi important de tenir compte de choses comme la compagnie, la connexion et la collaboration. Aussi utile qu'elle soit, l'approche masculine de la résolution de problème peut être difficile à vivre pour les femmes. Comme l'a exprimé une femme: «Leur désir de résoudre les problèmes éclipse les tentatives des femmes de communiquer, même quand les hommes savent que la communication est ce que la femme veut ou nécessite.»

L'une des raisons pour lesquelles les hommes sont frustrés avec les femmes de leur vie implique une orientation temporelle. L'approche de l'hommingénierie veut habituellement mettre l'accent sur ce qui se passe ici et maintenant. Les hommes veulent s'occuper d'un problème à la fois, puis passer à autre chose. Bien des hommes se sont plaints à moi que l'esprit de leur femme ou de leur petite amie opérait souvent dans le passé et l'avenir plutôt dans l'ici et maintenant. Cela peut faire en sorte que les hommes ne se sentent pas outillés pour la conversation.

La différence d'orientation peut aussi être difficile pour les femmes, si bien qu'elles se sentent parfois comme si les hommes de leur vie ne les aiment pas, alors qu'en fait, ces hommes essaient de démontrer leur amour. La situation qui s'est développée entre une femme nommée Sandy et son mari Justin en était un exemple. Elle demandait à Justin de faire de petites tâches, et il répondait habituellement rapidement. Que ce fût s'occuper du bébé, réparer la voiture, ou quoi que ce soit qu'elle demandait, il sautait dans l'action comme Batman.

Mais Sandy se sentait comme si Justin ne comprenait pas ce dont elle avait besoin de sa part. Quand elle lui demandait de faire quelque chose pour le bébé, par exemple, elle revoyait le passé et toutes les fois où elle avait dû lui demander de faire la même tâche. Il ne voyait pas le modèle se répéter et n'anticipait pas ses besoins. Elle se demandait pourquoi elle devait sans cesse lui demander les mêmes choses à répétition et si elle aurait à le harceler comme ça jusqu'à la fin de leurs jours. Elle a commencé à avoir du ressentiment qu'il ne prenne jamais l'initiative. Elle croyait que les gens qui s'aiment anticipent les besoins l'un de l'autre. C'est ainsi qu'elle fonctionnait, alors que l'approche différente de Justin lui semblait un peu froide et insensible.

Du point de vue de Justin, il lui démontrait son amour chaque fois qu'il répondait à une demande. Chaque nouvelle tâche était une occasion de montrer sa dévotion. Il fonctionnait de manière introspective, mécanique et dans l'ici et maintenant. Il ne pensait pas plus loin parce qu'il se fiait à sa propre débrouillardise pour résoudre tout problème éventuel, tout comme Batman. Entre-temps, il ne pouvait pas comprendre pourquoi Sandy devenait si irritable.

Heureusement, ces deux-là ont saisi le problème avant que le modèle n'avale leur relation. En faisant la lumière sur leurs différentes approches, Sandy a apprécié sous un nouvel angle Justin et sa façon de fonctionner dans le monde, et Justin a appris à quel point il serait important pour Sandy qu'il anticipe plus souvent. Ils ont dû y travailler, mais ils ont réussi à ajuster leurs orientations temporelles.

COMMENT PENSENT LES HOMMES

«Nous vous aimons, seulement nous le montrons différemment. Notre efficacité et notre usage modéré de la parole et des actions signifient qu'à moins qu'il y ait un problème à régler, nous serons heureux d'être simplement avec vous.»

Si vous devez traverser une rivière avec votre chien, votre oie et votre chou, alors la résolution de problème masculine est votre meilleur choix. Mais les mêmes qualités qui rendent l'hommingénierie si utile dans certains contextes peuvent être un fardeau dans d'autres. La pensée individualiste d'un homme peut faire en sorte que sa partenaire se sente abandonnée, et sa pensée mécaniste peut lui dissimuler la vue d'ensemble.

Pour les femmes et les hommes, simplement prendre conscience des différences de stratégies de résolution de problème et de la manière dont les intentions sont exprimées peut rendre les relations plus satisfaisantes et agréables.

Pour l'homme de votre vie Que ferait le «Marlboro Man»?

Vous êtes-vous déjà demandé ce que ferait le cowboy des publicités Marlboro si la femme de sa vie n'était pas heureuse avec lui? Même lui a une vie domestique à vivre. Il ne peut pas se cacher sur ce cheval toute la journée.

Manifestement, les hommes et les femmes approchent les problèmes relationnels différemment. Les hommes tendent aux réparations pratiques, en étant axés sur l'ici et maintenant. *Concentrons-nous sur le problème devant nous et réglons-le rapidement.*

Les femmes tendent à fixer leur attention sur des modèles plus larges et à consacrer plus d'attention au passé et à l'avenir. *Parlons des occasions où cela s'est passé auparavant pour empêcher que cela ne se produise de nouveau.*

Je crois que ces différences sont une des principales raisons pour lesquelles la communication peut se rompre entre hommes et femmes. Mais, sans égard aux problèmes de communication particuliers dans une relation donnée, il est vrai que les hommes sont plus susceptibles que les femmes de quitter une conversation qui s'envenime, et cela ne fait qu'empirer les choses.

Bien sûr, parfois les femmes aussi peuvent décider de ne plus nous parler. Mais ne coupons pas les cheveux en quatre. Les hommes ont une forte tendance à se retirer plutôt que d'endurer ce qui semble des discours pénibles et interminables sur l'état de leur relation. Parfois, nous nous retirons vers des choses productives comme le travail et, parfois, vers rien de plus impressionnant qu'un jeu vidéo ou quelques bières. Peu importe à quoi ressemble le retrait en surface, les femmes se sentent alors abandonnées et encore plus motivées à nous obliger à cette conversation redoutée.

Les hommes tentent souvent d'avoir l'air dur et stoïque quand ils laissent les femmes en plan. Une pensée répandue est *Un homme ne reste pas assis sur sa chaise à parler toute la journée.* J'en sais quelque chose. Je viens d'une longue lignée d'adeptes du retrait et, à ce jour, je me défends d'y céder. Mais j'en suis venu à réaliser que me retirer d'un problème avec la femme que j'aime est loin de la chose la plus virile à faire.

Prenons les gars qui refusent de faire face aux problèmes relationnels. Combien d'entre eux ont des problèmes de toxicomanie, de mauvaise santé, de relations rompues, et des enfants qu'ils ne voient qu'avec la permission d'un juge? À l'évidence, leur stoïcisme ne fonctionne pas très bien.

Il est sûr que le stoïcisme est un des traits masculins les plus importants. Mais il existe de sorte que nous puissions nous aider nous-mêmes et les autres à survivre à des temps difficiles, et non pour servir de barrière qui nous empêchent de régler des problèmes. Les hommes les plus masculins que je connaisse ont des relations solides parce qu'ils sont disposés à discuter des problèmes avant que ceux-ci ne deviennent ingérables. Ils savent aussi comment obtenir l'aide de leur famille, leurs amis, l'Église, le dojo et même leur thérapeute. L'aide est tout autour de nous, et elle semble apparaître comme par magie lorsque nous sommes disposés à y recourir.

Voyons la chose ainsi: vous ne conduiriez pas avec une crevaison, les mains sur les oreilles, en hurlant «La, la, la, l'auto va bien». Pourquoi laisser une relation tomber dans l'irréparable? Le *Marlboro Man* est peut-être intimidé par le dialogue, mais je parie qu'il ne se laisse pas arrêter par cette peur.

Chapitre 5

La manière masculine est parfois la moins utile

Oscar et Maria avaient eu un mariage plutôt heureux et sans nuages pendant près de 20 ans. Comme tout autre couple marié, ils avaient leurs points de friction, tournant souvent autour du fait que Maria se plaignait qu'Oscar prenait trop souvent tout sur ses épaules. Oscar, d'un autre côté, croyait parfois que Maria n'appréciait pas les petites choses qu'il faisait pour elle.

Ils disaient parfois à la blague que les problèmes étaient comme de petits cadeaux du ciel pour Oscar. Il était impatient de mettre la main sur tout ce qui devait être réparé, même quand Maria ne voulait pas vraiment de sa solution. Par exemple, elle a émis une fois un commentaire sur leur étagère à épices qui n'était pas adéquate. Deux semaines plus tard, il lui a présenté une monstruosité – à ses yeux – d'étagère à épices. Elle semblait conçue pour contenir toutes les épices connues et pour résister aux expériences les pires avec des épices.

Maria a été indulgente pour l'étagère à épices. Elle a remercié Oscar, et il l'a fixée au mur. Mais ses solutions ne passaient pas toujours aussi facilement.

Leur fille, Christie, qui allait avoir 16 ans, était une pianiste talentueuse. Un jour, Oscar a entendu Maria et Christie discuter d'un nouveau piano à demi-queue comme cadeau pour son 16e anniversaire. Dans les semaines qui ont suivi, il les a vues regarder des catalogues, des critiques en ligne, et elles avaient l'air d'angoisser sur la décision.

Vous pouvez sans doute deviner ce qui s'est passé ensuite. Oscar a vu l'occasion de résoudre deux problèmes à la fois. Il pouvait faire plaisir à sa femme et à sa fille, et il pouvait aussi leur épargner l'expérience apparemment atroce de magasiner pour le piano. Il semblait à Oscar que sa femme et sa fille étaient perdues dans le royaume des pianos, et il entendait les en rescaper.

Subrepticement, il a parlé à un vendeur, acheté le meilleur piano à demi-queue que la famille pouvait se permettre, et l'a fait livrer quand il savait que sa femme et sa fille seraient absentes. Il s'attendait à ce qu'elles soient ravies en voyant ce qu'il avait fait, mais elles ne semblaient aucunement enthousiastes. Même si sa fille a exprimé sa gratitude, il sentait qu'elle était malheureuse.

Plus tard ce soir-là, en privé, Maria a reproché à Oscar d'avoir acheté le piano. Blessé et fâché, il a dit: «Comment peux-tu être en colère contre moi? J'essayais seulement de faire quelque chose d'agréable pour vous deux.»

«Nous n'avions pas besoin de ton aide», a répliqué Maria. Oscar se sentait assommé, et Maria était blessée. Il ne comprenait pas qu'elles trouvaient que magasiner ensemble pour le piano était une expérience qui les liait, pas un fardeau. Il voyait la situation comme une équation à résoudre, et l'absence de gratitude l'a laissé déconcerté et blessé.

Pourquoi les hommes s'enfoncent de plus en plus profondément

On pourrait penser qu'un type intelligent et zélé comme Oscar verrait que sa stratégie ne fonctionnait pas – que sa tentative de régler les choses et d'apporter du bonheur produisait fréquemment l'effet opposé. Ce n'est pas un trait uniquement masculin de s'enfoncer de plus en plus profondément. À mesure que nous, les humains, trouvons notre voie dans la vie, nous découvrons des stratégies de résolution de problème qui fonctionnent pour nous et nous nous y attachons comme à de bonnes vieilles solutions de secours auxquelles on peut avoir recours en un rien de temps. Plus le problème est sérieux, plus nous nous fions à nos vieilles stratégies éprouvées. Malheureusement, souvent, nous ne reconnaissons pas quand ces solutions de secours ne nous servent plus.

C'est une des raisons pour lesquelles l'anxiété est une affection si insidieuse. Les stratégies que les gens utilisent pour gérer l'anxiété ont bien fonctionné dans d'autres contextes, mais elles échouent lorsqu'on les applique aux pensées et aux sentiments. Par exemple, les gens ont peut-être appris qu'éviter les choses effrayantes comme les serpents ou les araignées leur permet de ne pas vivre l'expérience désagréable de la peur. Mais lorsque l'anxiété vient de l'intérieur, sous forme d'un souvenir pénible ou de doute de soi, cette vieille solution de secours qu'est la stratégie d'évitement ne fera qu'aggraver les choses pour la même raison qu'essayer de ne pas penser aux singes vous contraint à penser aux singes (Wegner et *al.*, 1987). C'est la nature de l'anxiété. (J'en discuterai davantage au prochain chapitre parce que c'est important pour les relations.)

Pourtant, même quand nos stratégies de résolution de problème aggravent une situation, nous semblons avoir de la difficulté à le reconnaître parce que nous ressentons une envie encore plus urgente de résoudre le problème devenu encore plus difficile. Nous tendons plutôt à nous acharner de plus en plus fort à l'aide des mêmes vieilles stratégies, et plus elles nous font défaut, plus nous sommes susceptibles de les utiliser encore et encore en désespoir de cause.

Quelque part dans l'histoire d'Oscar, il avait appris que régler les problèmes des gens les rendait heureux, ce qui, en retour, lui donnait le sentiment d'être heureux, utile et efficace. Quand cette stratégie a échoué dans sa relation, il est devenu plus déterminé que jamais à être efficace et il a resserré sa prise sur son outil favori: prendre en charge et régler les problèmes.

Pour compliquer encore les choses, sa stratégie fonctionnait parfois dans sa relation. Il arrivait que Maria appréciait véritablement ses solutions, ce qui contribuait à le maintenir dans son modèle. Comme avec une machine à sous, gagner de temps à autre astreint la personne à continuer d'essayer. Une récompense occasionnelle est un motivateur puissant et, quelque part au fond de lui, l'esprit d'Oscar figurait probablement qu'il réussirait éventuellement s'il continuait d'essayer plus fort. On ne peut blâmer Oscar d'essayer ce qui a fonctionné dans le passé, mais il doit trouver quand utiliser ce qui est simultanément une de ses aptitudes relationnelles les plus utiles et les moins utiles.

Les hommes comme Oscar ne sont pas ineptes, loin de là. Ils sont nettement débrouillards et férocement dévoués à leurs proches. Mais ils sont souvent malhabiles à mettre des mots sur leurs propres expériences intérieures, ce qui rend difficile de reconnaître quand ils s'enfoncent davantage.

Oscar, comme bien d'autres hommes, savait qu'il y avait un problème et il en souffrait. Il tirait évidemment beaucoup de fierté à prendre soin de sa famille. Entendre qu'il était inefficace l'a touché droit au cœur. Examinons ce qui l'a empêché d'aborder la situation adéquatement.

LA FORMATION ÉMOTIONNELLE DES HOMMES

Le titre de cette section devrait être «La formation non émotionnelle des hommes», parce qu'on nous enseigne rarement à exister en paix avec nos émotions. Bien sûr, nous apprenons à conjuguer avec des émotions comme la peur et la frustration, mais on nous donne peu d'instructions sur les autres, comme la tristesse et l'anxiété. Cela nous prépare mal à faire face aux difficultés relationnelles.

Dans une étude sur la façon dont la dépression est caractérisée dans les magazines pour hommes comme *Sports Illustrated, Esquire* et *Men's Health,* la sociologue et professeure d'étude de la condition féminine Juanne Clarke (2009) a constaté que la dépression est habituellement présentée aux hommes comme étant un problème biochimique ou génétique, ce qui convient parfaitement à la façon mécaniste dont les hommes voient le monde. On apprend rarement aux hommes à penser à la tristesse ou à la dépression comme à une réponse raisonnable aux situations difficiles, ou comme une chose à laquelle on pourrait remédier en explorant les émotions elles-mêmes pour découvrir d'où elles proviennent.

Dans son étude, Clarke a observé que les magazines pour hommes faisaient habituellement le portrait d'hommes de grandes réussites qui ont surmonté la «maladie» supposément biologique de la dépression. Et, en général, leur approche pour vaincre la dépression faisait appel à des médicaments agressifs plutôt qu'au traitement des causes à l'origine ou à faire des changements dans le mode de vie.

Même les médecins se laissent attirer par cette façon de voir la dépression. Les sentiments de tristesse et de désespoir qui entraînent un diagnostic de dépression chez les femmes échappent souvent aux médecins quand ils apparaissent chez les hommes. Les hommes se suicident de trois à quatre fois plus que les femmes, et ils se tournent vers l'alcool et les drogues au moins deux fois plus souvent que les femmes parce qu'eux-mêmes, et les gens autour d'eux, ne reconnaissent pas leur dépression pour ce qu'elle est. L'une des raisons pour lesquelles la dépression est diagnostiquée deux fois plus chez les femmes est que les hommes sont moins enclins à remarquer et à identifier les sentiments de tristesse.

Comment pensent les hommes

«Je ne suis pas un homme des cavernes sans émotions dont le seul but est de baiser. J'ai beaucoup de profondeur émotionnelle. C'est seulement que je suis mal à l'aise d'exprimer mes émotions à moins d'être très près de quelqu'un. Autrement, je fais de mon mieux pour obstruer toute émotion désagréable, si possible.»

Pendant que nous sommes sur le sujet de la dépression, les hommes expriment parfois un groupe unique de symptômes quand ils sont déprimés. Parce qu'on leur enseigne à ravaler et à rejeter les émotions vulnérables ou les humeurs maussades, ils ont tendance à présenter des symptômes qui sont plus masculins en surface mais aussi plus destructeurs. Alors que les femmes tendent à examiner la source de leur dépression, les hommes essaient habituellement de ramener leurs émotions à leur place en faisant des choses comme abuser de l'alcool ou vivre de la colère. En fait, les hommes qui choisissent des expressions plus «masculines» de la tristesse sont plus susceptibles de craindre et d'éviter les émotions négatives (Green et Addis, 2012).

Un groupe de chercheurs a constaté que la peur des émotions empêche les hommes de développer des réactions plus saines à la dépression. Dans presque tous les pays du monde, plus d'hommes que de femmes meurent par suicide, souvent après une perte comme un emploi, un échec en affaires, une relation rompue ou une révélation publique embarrassante (Coleman, Kaplan et Casey, 2011). Quand un homme a une vision de lui-même intolérablement faible et un éventail limité d'options émotionnelles, il est plus enclin à choisir des façons de transiger avec les émotions qui sont acceptables dans le monde des hommes, comme l'évitement émotionnel ou l'autodestruction.

COMMENT PENSENT LES HOMMES

«Nous ne ressentons pas de la même manière que les femmes, mais nous ressentons assurément. Nous exprimons peut-être les choses différemment en raison de notre biologie et de la façon dont nous sommes socialisés, mais nous ne sommes pas si différents. Nous pouvons tous être faibles, vulnérables aux revers, portés à l'échec et insatisfaits. Et finalement, nous voulons tous être aimés et respectés.»

L'approche des hommes face à la dépression est un exemple extrême de la façon dont les hommes tendent à gérer les émotions en général. Nous sommes socialisés à ne pas discuter de nos émotions et même à les éviter en nous-mêmes. Si on en croit la recherche, les hommes évitent les émotions qui les rendent vulnérables, même si le coût est élevé. Oscar a sans aucun doute trouvé très douloureuse la désapprobation de sa femme et de sa fille, mais c'est la dernière chose qu'il admettrait, ou même reconnaîtrait. Ce serait reconnaître sa vulnérabilité. Pour l'esprit masculin moyen, la vulnérabilité est synonyme de faiblesse, et c'est inacceptable.

Donc, que font les hommes quand ils se sentent vulnérables? Ils se tournent vers leurs vieilles solutions de secours. Certains hommes évitent ou fuient ce qui semble une situation intolérable à l'aide de jeux vidéo, d'alcool, de golf, n'importe quoi qui les distrait des pensées et des sentiments douloureux. D'autres suivent la loi de redoubler d'effort, comme l'a fait Oscar. Il n'essayait pas de créer des problèmes quand il a acheté le piano. Il essayait de régler un problème et de se rapprocher des femmes de sa vie. Mais son absence de formation émotionnelle lui a caché la vraie nature de la situation, et redoubler d'effort ne lui a servi qu'à se mettre à dos les personnes qu'il aime le plus.

ÇA SE JOUE À DEUX

Le vieil adage qui dit «Il faut être deux pour danser le tango» est aussi vrai à l'inverse, quoique moins poétique: il faut être deux pour créer un modèle de relation qui fonctionne mal. Quels que soient les fautes qu'un homme puisse apporter dans une relation, il ne peut créer des difficultés relationnelles à lui seul.

Il est tentant de blâmer Oscar pour ses problèmes avec Maria. Après tout, il semble qu'il aurait dû reconnaître que sa vieille habitude de se précipiter pour régler les problèmes aggravait parfois les choses. Mais nous pourrions aussi blâmer Maria de donner des signaux contradictoires. Parfois, elle appréciait les efforts d'Oscar et, parfois, elle les trouvait blessants; et, dans tout cela, elle n'a pas communiqué adéquatement ce qu'elle voulait vraiment de lui.

Personnellement, je trouve beaucoup plus utile de me concentrer sur les modèles que créent les gens dans les relations, plutôt que de jeter le blâme sur qui que ce soit. Je discuterai en détail de cette approche au chapitre 7. Pour le moment, examinons l'un des modèles les plus communs dont la femme se plaint: un homme qui se ferme chaque fois qu'elle essaie d'établir une connexion avec lui.

Vous vous demandez sans doute comment je peux suggérer qu'une femme ait quelque chose à voir avec un homme qui se ferme et ne communique pas, surtout après que j'ai plaidé que nous, les hommes, tendons au stoïcisme, que nous avons de la difficulté à mettre des mots sur nos expériences intérieures, et que nos stratégies de résolution de problème sont plus introspectives et mécanistes que celles des femmes.

Je ne veux pas suggérer que le silence d'un homme découle du comportement d'une femme. Personne n'est responsable de la façon dont une autre personne choisit d'agir. En même temps, les deux partenaires contribuent aux modèles qui se développent dans leur relation – modèles qui les encouragent à réagir d'une façon qui semble utile sur le moment, mais qui peut être contreproductive à long terme.

• *Pourquoi les femmes devraient accepter les compliments*

Nous, les hommes, voulons être efficaces dans tout ce que nous prenons au sérieux, y compris exprimer notre affection aux femmes que nous aimons. Souvent, les femmes ne comprennent pas à quel point c'est frustrant lorsqu'elles ont à redire sur les compliments que nous leur faisons. Les hommes le déplorent souvent. Comme a dit l'un d'eux: «Les femmes ont tendance à refuser tous les compliments qu'on leur fait, ce qui nous donne envie de cesser d'en faire.»

Refuser nos compliments est remarquablement frustrant. Imaginez que vous avez acheté un cadeau pour votre meilleure amie. Vous avez fait un bel emballage et lui avez présenté, mais elle l'a refusé. «Je ne le mérite pas», dit-elle. Vous achetez un autre cadeau, et elle insiste que vous ne savez pas ce que vous faites. Vous en achetez un autre, de nouveau refusé. Combien de temps faudrait-il avant que vous laissiez tomber?

Nos compliments démontrent que nous vous portons attention, et que vous êtes importantes pour nous. Accepter un compliment peut créer un malaise, mais rien ne rendra votre partenaire plus heureux à ce moment-là que d'accepter simplement ce qu'il vous offre.

• *Le trou du silence*

Beaucoup d'hommes le font. Ils le font après souper, ils le font dans l'automobile. Ils le font au lit et ils le font même quand vous parlez de votre mère.

Je parle, bien sûr, de se réfugier dans le silence et il semble que les hommes y soient particulièrement portés durant un conflit. Elle veut parler et il n'y est plus. Je devrais préciser que les femmes se retirent parfois aussi quand les hommes veulent parler, mais soyons honnêtes: la réticence à communiquer est surtout un comportement masculin, et j'admets que je le combats moi-même. On pourrait croire qu'un psychologue saurait mieux faire et, en fait, c'est le cas, mais le vieil entraînement à demeurer silencieux est difficile à surmonter parfois.

Se réfugier dans le silence est un comportement qui se nourrit de lui-même jusqu'à ce qu'il semble envahir la relation. La réaction naturelle chez bien des femmes est de forcer la conversation quand leur partenaire reste silencieux. Malheureusement, cela peut rendre encore plus difficile pour lui de parler, ce qui mène à plus de pression, ce qui mène à... Eh bien, vous voyez le portrait.

Dans mon livre précédent, j'ai raconté l'histoire de Meg et Andy (Smith, 2011) qui est encore pertinente ici puisqu'ils sont un exemple typique du couple qui tombe dans le trou du silence. Andy venait d'une famille où les petits désappointements entraînaient souvent des punitions majeures. Enfant, Andy a appris à se réfugier dans la sécurité de sa chambre chaque fois qu'il sentait que sa mère alcoolique et imprévisible se mettait en colère. Il est un exemple quelque peu extrême, mais la plupart des hommes ressentent un terrible malaise quand les femmes de leur vie sont mécontentes d'eux, ce qui les rend anxieux.

Quand Meg se fâchait, l'anxiété d'Andy le faisait se retirer et se refermer – comme il avait appris à le faire avec sa mère. Il ne le faisait pas pour punir Meg, au contraire, il essayait d'empêcher que le problème ne s'envenime. Pour Andy, le repli était une vieille stratégie qui l'avait bien servi dans l'enfance. Mais comme adulte, sa réaction remplie d'anxiété créait de l'anxiété chez Meg aussi. Son silence faisait qu'elle s'inquiétait pour leur relation et qu'elle ruminait les fois précédentes où il était tombé dans le silence, les problèmes qu'ils n'avaient jamais résolus, et la possibilité qu'ils ne soient jamais capables de communiquer. Meg tentait de retenir ses sentiments, mais finalement, ses inquiétudes sur son couple l'ont accablée. Quand elle a été sur le point de craquer, elle a mis Andy au pied du mur et elle a évacué sa frustration accumulée.

L'ironie de leur situation est que chacun, à sa façon, tentait de protéger la relation. Andy essayait d'empêcher que les choses ne s'aggravent, croyant qu'une dispute était le résultat le plus destructeur possible. Il essayait d'éviter de se disputer avec Meg en espérant que l'absence de disputes la rende heureuse. Meg, par ailleurs, croyait que le fait de ne pas communiquer à propos de leurs problèmes était la pire stratégie possible.

La réponse silencieuse d'Andy accomplissait exactement ce qu'il voulait éviter: une femme en colère. La réponse de Meg lui a aussi procuré un résultat complètement à l'opposé de ce qu'elle voulait: un homme qui se repliait encore plus.

Les hommes bien ne sont pas idiots. Nous savons que le silence empire les choses. Alors pourquoi le faisons-nous? Examinons quelques raisons les plus fréquentes que des hommes m'ont confiées.

• *Les hommes ne sont pas censés parler*

Comme nous en avons discuté au chapitre 1, les hommes sont souvent en désavantage pour exprimer leurs émotions.

Durant le développement de l'enfance, les filles parlent davantage des relations que les garçons, donc les femmes deviennent généralement mieux formée dans cette habileté. Ce qui accroît encore le désavantage des hommes est que nombre d'entre nous ont appris qu'il est efféminé de parler de ces choses. Garçons, nous risquions le ridicule, l'intimidation ou même une punition si nous nous aventurions trop loin dans ce qui était considéré le discours féminin. Ces expériences nous marquent et nous rendent souvent exceptionnellement anxieux quand nous essayons de briser les vieilles règles que nous avons apprises sur les sexes.

• *Nous ne croyons pas pouvoir gagner*

Un nombre étonnant d'hommes m'ont admis qu'ils se sentent dépassés durant des disputes avec leur femme ou leur petite amie. Ils ont dit des choses comme:

- «Je n'ai pas l'esprit aussi vif qu'elle.»
- «Elle arrive préparée avec ses arguments, pas moi.»
- «Elle semble se souvenir de tout ce que j'ai dit ou fait. Ma tête ne fonctionne pas comme ça.»
- «Elle revient sur de vieilles disputes que je croyais réglées. Je ne sais pas comment me défendre contre ça.»

Ces hommes tendent à croire que tout ce qu'ils peuvent dire va leur attirer des problèmes. Parler les rend vulnérables à la critique ou à la honte, alors ils font ce qui leur semble le plus sensé: ils cessent de parler.

• *Nous nous fâchons*

C'est vrai, parfois nous nous refermons parce que nous sommes en colère. Pour bien des hommes, la colère est la réaction par défaut quand nous nous sentons blessés, critiqués, non respectés, isolés ou même tristes. Il nous faut souvent du temps pour comprendre ce qui a provoqué notre colère. Jusqu'à ce que nous soyons prêts à en discuter, le repli peut nous sembler la seule option qui n'envenimera pas les choses.

• *Nous disputer avec vous nous fait mal*

Une femme malheureuse est une expérience pénible pour bien des hommes. Un vieux stéréotype veut que les femmes tiennent davantage aux relations que les hommes. Cependant, une étude a démontré que c'était faux (Simon et Barrett, 2010). Les hommes tiennent à leurs relations autant que les femmes, mais de façons légèrement différentes, et nous sommes affectés par différentes choses. Les chercheurs ont constaté que les femmes se soucient davantage de l'état de la relation — si elle semble sécuritaire ou non. Par conséquent, toute instabilité de la relation peut avoir un effet profond, déprimant sur l'humeur des femmes.

Par ailleurs, les hommes sont plus troublés par les problèmes de relation. La discorde dans une relation affecte le sens de notre propre valeur, et parfois même notre santé. Donc, alors que les femmes ont tendance à réagir à l'instabilité d'une relation par la dépression, les hommes sont plus susceptibles de réagir à la discorde dans une relation par des stratégies comme l'abus de substances. Nous réagissons aux problèmes relationnels par le repli, l'évitement et l'autodestruction. Nous disputer avec vous nous fait mal, littéralement.

Quand les mêmes disputes reviennent à répétition, nous nous sentons incapables de vous rendre heureuses. Finalement, certains hommes abandonnent et se réfugient dans le silence parce que empirer passivement les choses est plus tolérable que parler et les empirer activement.

• *L'histoire nous mène*

L'histoire a été la perte d'Andy. En dépit de ses meilleures intentions, il ne prenait pas de décisions éclairées parce que son passé se superposait à son présent. Il réagissait à Meg comme si c'était sa mère, la femme frustrée, violente, avec qui il avait vécu tant d'années. Enfant, il a appris que les conflits étaient dangereux et que le repli était sa réponse la plus sûre. Son esprit n'avait pas réalisé que Meg était douce et sûre, et non violente. L'esprit humain reste souvent ainsi coincé dans le passé.

Dans une relation, lorsque les hommes amènent la tendance à se réfugier dans le silence, il est tentant de les pousser plus fort pour qu'ils parlent, comme l'a fait Meg. Comme une femme m'a dit: «La plupart du temps, provoquer les hommes est la seule façon de les faire réagir.» Chaque fois que Meg réagissait avec force, même avec des intentions louables de sauver la relation, elle contribuait à renforcer un modèle destructeur.

• *Période de transition*

Parce que bien des hommes tendent à compartimenter leur vie – le travail, la maison, la récréation, ainsi de suite — ils ont souvent besoin de temps pour changer leur état d'esprit d'un environnement à l'autre. La transition du travail à la maison est un défi particulier. Comme un homme l'a expliqué: «La minute où j'arrive du travail à la maison n'est pas mon moment favori pour les questions. J'aimerais m'asseoir quelques minutes avant qu'on analyse en détail comment s'est passée ma journée.»

Un exercice que je suggère aux hommes est de prendre quelques minutes avant d'entrer dans l'environnement suivant pour se rappeler les valeurs et les comportements qu'ils veulent démontrer. À cette fin, il est bon de se poser cette simple question: «Quel genre d'homme est-ce que je veux être quand j'entre à la maison (ou au travail, ou dans la belle-famille et ainsi de suite)?»

Par exemple, ils peuvent s'arrêter une minute dans la voiture avant d'entrer à la maison après le travail, ou les deux partenaires peuvent convenir de laisser à l'homme un moment pour faire la transition au fait d'être à la maison après qu'ils se sont salués.

Voici comment un homme l'a expliqué: « Nous avons besoin d'un petit moment pour nous calmer, surtout quand nous entrons à la maison, pour passer en mode maison. Si les femmes nous interpellent subtilement et graduellement au lieu de nous bombarder, nous pouvons interagir. Nous savons que, de nos jours, les femmes ont des journées aussi dures que les nôtres et nous voulons être avec vous, mais parfois, nous répondre doucement fera plus de chemin que d'essayer de frapper un coup de circuit.»

RÉSOLUTION DE PROBLÈME CONTRE COMPORTEMENT À PROBLÈME

La bonne nouvelle, c'est que même un comportement dérangeant comme le silence est souvent une tentative de régler un problème. Dans le cas d'Andy, il essayait de protéger Meg d'être déçue. Il essayait aussi de l'éloigner d'une dispute, parce que, dans son expérience, les disputes ont toujours été misérables et ont eu des résultats regrettables. Il essayait simplement de maîtriser la situation avant que celle-ci devienne hors de contrôle et, peut-être parce que son anxiété était élevée, il ne lui est pas apparu que Meg voyait différemment son silence.

Il peut sembler étrange de voir le silence d'Andy comme un comportement de résolution de problème. Toutefois, conformément à ce qui sera un thème commun dans le reste de cet ouvrage, j'espère vous persuader que reconnaître le comportement de résolution de problème d'un homme comme tel est l'une des choses les plus utiles à faire pour votre relation. Mais avant d'aller plus loin, je veux faire une nette distinction entre un comportement de résolution de problème et un comportement à problème.

Le silence d'Andy était un comportement blessant, mais il n'était pas dangereux, irrespectueux ou violent. Le comportement de résolution de problème peut être difficile à vivre, émotionnellement blessant et même dommageable pour la relation à long terme. Mais le comportement de résolution de problème n'est jamais carrément violent.

Le comportement de résolution de problème n'implique jamais d'insultes, de violence physique, de liaisons, de malhonnêteté ou d'hostilité qui sont des comportements à problème qui ne doivent pas être tolérés. Si l'homme de votre vie lutte pour surmonter des comportements à problème, vous devriez avoir un plan pour vous échapper. S'il a des problèmes de comportement et qu'il ne lutte pas pour les surmonter, peut-être est-il temps d'envisager la possibilité de vous distancer de lui.

Heureusement, les hommes bien ne s'adonnent pas à des comportements à problème majeurs et répétitifs. Ils peuvent être aux prises avec des solutions qui ne conviennent pas à la situation, mais ils ne sont pas violents. Au chapitre 7, je discuterai de façons précises de briser des modèles comme le trou du silence, mais je dois d'abord préparer le terrain. Alors au chapitre suivant, je discuterai de l'une des plus grandes difficultés entre hommes et femmes: accepter nos partenaires comme ils sont.

POUR L'HOMME DE VOTRE VIE
SI VOUS VOUS ENFONCEZ DAVANTAGE, CESSEZ DE CREUSER

Je n'avais pas les moyens d'aller à l'université tout de suite après le secondaire. J'ai dû travailler pendant un certain temps et m'établir. Un de mes premiers emplois a été mécanicien planteur de quilles. Par une heureuse tournure des événements et grâce à ma solide aptitude pour la mécanique, j'ai entretenu et réparé les machines qui manient les quilles et retournent les boules à une vaste allée de quilles. Ce fut un de mes emplois préférés.

Étant un jeune homme typique et arrogant, j'avais tendance à m'attaquer à des réparations qui dépassaient mon niveau d'aptitude. Une fois, j'ai essayé de réparer un axe de table brisé – une pièce coûteuse essentielle à la capacité de la machine de récupérer les quilles et de les retourner à leur place. Elle était usée et avait développé une vilaine fissure en spirale. L'effet sur la machine était le même que celui d'un axe brisé sur une voiture. Le mécanicien principal l'avait déclaré irréparable et à remplacer.

J'ai parié que je pourrais la resouder comme une neuve, malgré le fait que le meilleur soudeur de l'atelier ait dit que c'était sans espoir et que mes talents de soudeur aient été moyens, au mieux. Durant quelques semaines, j'ai passé mes moments libres à essayer de réparer la pièce. Mais à chaque essai, le problème s'aggravait. Finalement, je l'ai cachée dans mon casier en espérant que personne ne découvre à quel point je l'avais massacrée.

Mes efforts mal placés n'avaient rien changé. Un nouvel axe a été installé bien avant que je ne réalise que j'étais en dehors de mon élément. Néanmoins, j'avais développé une approche entêtée qui m'a fait perdre mon temps et gaspiller les ressources de l'entreprise. À chaque tentative de réparer cette chose, je m'enfonçais, cependant je ne pouvais pas m'arrêter de creuser.

Parce que nous, les hommes, sommes des réparateurs, nous avons tendance à tomber dans le même piège dans nos relations. Ce chapitre a débuté par l'histoire d'Oscar, un homme qui tenait mordicus à régler les problèmes pour sa femme, et qui allait de l'avant même quand ses initiatives aggravaient les choses. Comme moi, Oscar ne savait pas quand s'arrêter de creuser.

Si vous êtes comme bien des gars, vous avez peut-être remarqué que vous avez les mêmes problèmes à répétition avec la femme que vous aimez. Si tel est le cas, il y a de fortes possibilités que votre approche pour la garder heureuse se retourne contre vous et que vous ne compreniez ni comment ni pourquoi.

Si cela vous semble une possibilité, il est peut-être temps d'évaluer votre stratégie, de discuter de la nature des problèmes répétitifs avec elle, et possiblement même de recourir aux services d'un psy pour vous aider à cesser de creuser. C'est alors seulement que vous pourrez identifier le problème et appliquer une solution qui fonctionne.

Chapitre 6

Le mot en «A»

L'acceptation est un peu comme l'argent. Nous sommes tous contents d'en recevoir, mais en donner peut provoquer de l'anxiété.

J'ai mentionné plus tôt que je ne donnerai pas de conseils sur la façon de changer la nature d'un homme, et que je ne suggérerai pas non plus de changer votre nature pour lui plaire. De prime abord, cela peut sembler rendre difficile la réparation d'une relation. Après tout, comment améliorer les choses si personne ne change?

Mais cette question n'est souvent pas la bonne. Il est vrai que le changement est parfois nécessaire. Certains hommes se comportent mal, et s'ils ne changent pas leur comportement, la relation peut ne jamais être saine ou viable. Mais ce n'est pas de ces hommes-là dont je parle. Dans ce livre, je parle des hommes bien qui ont de fortes natures masculines. Avec les hommes bien, la question la plus utile est comment peut-on incorporer une nature masculine dans un solide partenariat homme-femme.

Dans bien des relations, j'entends les femmes poser un type de questions différent: «Comment est-ce que je peux le faire changer?» «Comment est-ce que je peux le faire commencer à faire ceci?» «Comment est-ce que je peux l'arrêter de faire cela?» Souvent, ces questions en viennent à «Comment puis-je faire pour qu'il agisse davantage comme une femme?»

Je vous le dis clairement: je crois que vous devriez demander ce que vous voulez dans une relation. Si votre partenaire laisse ses chaussettes sales par terre pour que vous les ramassiez, c'est un comportement irrespectueux. Il faut qu'il le sache, et il faut qu'il change.

Mais les couples ne consultent pas des gens comme moi pour des problèmes de bas étage comme des chaussettes. Ils essaient de réparer des fêlures sérieuses, qui ont presque toujours à voir avec la réticence à accepter les traits et les caractéristiques d'un partenaire.

Cette bataille contre l'acceptation coûte souvent aux gens leurs valeurs. Je n'ai pas encore vraiment parlé des valeurs, alors permettez-moi de digresser brièvement. Reportez-vous à l'époque où vous étiez un adolescent naïf avec tous vos idéaux romantiques intacts. À cette époque, si je vous avais demandé quel genre de partenaire vous vouliez être dans une relation, vous auriez pu dire que vous vouliez être romantique, enjoué ou aimant. Ou que vous vouliez être capable d'un lien profond de toute une vie, ou que vous vouliez être le type de personne sur qui votre partenaire pourrait toujours se fier. Je sais que j'aurais dit quelque chose dans ce goût-là.

Ces qualités sont vos valeurs. Elles décrivent le genre de personne que vous voulez être, et non le genre de personne que vous voulez que votre partenaire soit. Idéalement, vos valeurs guideraient votre comportement, et les valeurs de votre partenaire guideraient le sien.

Mais les valeurs sont difficiles à maintenir. À mesure que la vie nous endurcit, il est facile de perdre de vue nos idéaux et de commencer à nous comporter comme s'il fallait cacher nos valeurs pour nous protéger, ou de commencer à croire que la seule façon de combler nos besoins est par des moyens coercitifs. Quand cela se produit, une relation peut finir par sembler davantage à un bras de fer qu'à un partenariat.

Combattre la nature de notre partenaire plutôt que de l'accepter tend aussi à nous apporter précisément ce que nous voulons le moins. Voici une petite expérience que vous pouvez tenter immédiatement. Si je vous demande de ne pas penser aux singes, quelle est la première chose qui vous vient à l'esprit? Bien sûr, ce sont les singes.

Maintenant supposez que je vous ai demandé d'essayer très très fort de ne pas penser aux singes. Supposez que je vous ai demandé de consacrer votre vie au geste de ne pas penser aux singes. Je veux que vous deveniez un moine sans singe. Si votre esprit est semblable à celui de bien des gens, les singes vont devenir la chose la plus importante de votre vie (Wegner et *al.*, 1987). Tout ce que vous faites servira à les éviter et, par conséquent, étrangement, votre vie tournera autour des singes. Vous obtiendrez précisément ce que vous avez essayé d'éviter.

Une chose semblable se produit dans les relations. Dans chacun des couples que j'ai décrits jusqu'ici, les femmes et les hommes niaient, combattaient ou évitaient de traiter directement avec la nature masculine. Par conséquent, certains des aspects les moins utiles de la nature masculine ont commencé à dominer certains des plus utiles. Moins les deux personnes étaient disposées à accepter ce qui leur déplaisait de la nature masculine, plus celle-ci les envahissait – tout comme les singes. Il faut qu'il y ait une manière plus facile.

UN MOT INTIMIDANT

«Acceptation» peut être un mot effrayant, voire menaçant. Comme la plupart des gens, votre esprit peut évoquer immédiatement les pires scénarios: «Vous voulez dire que je dois accepter sa méchanceté?» «Je dois accepter son mauvais comportement?» «Je dois accepter que notre relation ne sera jamais saine?»

Absolument pas. L'acceptation ne veut pas dire tolérer des relations malsaines ou un comportement problématique. Dans les relations, l'acceptation a deux principales qualités. Premièrement, cela signifie être prêt à reconnaître que votre partenaire, ici et maintenant, est aussi en lutte. Cela veut dire admettre la possibilité que ses motivations peuvent être bonnes et constructives, même si elles n'en ont pas l'air. Cela veut dire de ne pas vous laisser prendre par la croyance qu'il ait tort ou qu'il ne se soucie pas de vous, mais de croire plutôt à la possibilité qu'il fasse de son mieux. Il se peut qu'il essaie même de vous rendre heureuse, mais d'une façon qui n'a du sens que pour son esprit masculin. L'acceptation veut aussi dire d'accueillir la formidable tâche de démontrer de l'empathie pour les luttes de votre partenaire quand vous en avez le moins envie.

Deuxièmement, cela veut dire d'accueillir les anxiétés et les insécurités à l'intérieur de vous. Nous avons tendance à choisir des compagnons qui calment nos plus grandes insécurités, comme Samantha qui a choisi Tyrone en partie pour son assurance à lui. Cela a bien fonctionné, jusqu'à ce qu'elle sente que l'assurance de son époux empiétait sur son expression de soi à elle. C'est à partir de là qu'elle s'est mise à croire que la personnalité de son homme était un handicap pour la relation, et elle a commencé à combattre le trait même qu'elle trouvait jadis si attirant chez lui.

COMMENT PENSENT LES HOMMES

«Quand nous nous disputons, je ne peux pas penser, dormir ou manger avant que ce soit réglé.»

Vous ou votre partenaire, vous êtes-vous déjà demandé: «Qu'est-ce qui t'est arrivé? Pourquoi as-tu changé?» Si c'est le cas, il y a de bonnes probabilités que l'un de vous ou vous deux soyez tombés dans le piège de refuser d'accepter les traits de l'autre, ou de reconnaître votre propre lutte contre ces traits. Dès que nous commençons à combattre ce que nous ne pouvons pas changer ou contrôler, nous pouvons perdre de vue nos valeurs. Nous devenons des personnes que nous ne voulons pas être. Par contre, lorsque nous lâchons prise sur la lutte et que nous acceptons plutôt les traits de notre partenaire et les nôtres, nous avons soudainement plus de temps et d'énergie pour être qui nous voulons être dans la relation. Nous sommes la personne dont notre partenaire est tombé amoureux.

Il peut être effrayant de cesser de croire à notre propre jugement et de laisser tomber nos défenses. Lutter contre des dommages perçus semble nous garder en sécurité. Tant que Samantha a critiqué l'assurance de Tyrone, elle sentait qu'elle se protégeait. Il peut aussi être effrayant d'accepter la nature masculine, pour des raisons dont je discuterai brièvement. Mais j'ai vu le résultat un nombre incalculable de fois: un homme bien réagira habituellement de la même façon quand sa partenaire l'accepte pour qui il est.

L'acceptation de vos natures et de vos luttes est le plus grand cadeau que vous puissiez faire à un homme, surtout dans les moments où vous n'êtes pas d'humeur à faire des cadeaux.

Et pourtant, l'acceptation peut être intimidante. Et, oui, vous pourriez vous faire blesser. C'est pourquoi je ne veux pas vous inciter à le faire. Je ne veux pas que vous l'essayiez simplement parce que j'ai vu que cela fonctionnait bien. Vous devriez vous fier à votre propre expérience, pas la mienne.

COMMENT PENSENT LES HOMMES

«Les pires moments sont quand une femme est en colère contre moi.»

Il est peut-être vrai qu'une femme qui accepte inconditionnellement l'homme de sa vie, avec tous ses traits et ses manies confondus, finira par avoir plus que moins de douleur émotionnelle. Peut-être qu'accepter ses propres insécurités, plutôt que de les couvrir avec des défenses aguerries, la met en danger. Mais je crois que la seule façon de le savoir est de jouer le tout pour le tout. Bien sûr, je ne peux pas vous conseiller de jouer si je ne connais pas l'enjeu. Je ne peux que demander ce qu'il y a à perdre. C'est une question importante, alors examinons-la de plus près.

RAISONS DE NE PAS ACCEPTER LES TRAITS MASCULINS

Souvenez-vous de l'un des premiers couples dont nous avons discuté, Sam et Tamara, au chapitre 1. Sam s'est replié sur son travail quand la vie à la maison est devenue stressante et que Tamara était malheureuse. Ils ont fini par se disputer à propos de tout sauf la vraie raison, c'est-à-dire qu'en essayant d'être un bon pourvoyeur, Sam a déséquilibré ses priorités.

Comme les tensions grimpaient dans la relation, l'ambition et le sens du devoir que Tamara admirait chez Sam sont devenus les qualités mêmes qui lui étaient les moins acceptables. Elle s'est mise à détester les mêmes traits masculins qu'elle avait déjà aimés. À son tour, Sam est devenu sur la défensive quant à ces traits, et ils sont tombés dans un modèle d'évitement et de bisbille plutôt que de discuter de sa lutte. Je veux faire ressortir que je ne jette pas le blâme sur Tamara. Sam a évité la discussion autant qu'elle, même probablement plus.

L'acceptation semble risquée et, soyons honnêtes, elle l'est parfois. Certains hommes se servent de l'acceptation et de la tolérance d'une femme comme d'un permis pour mal se conduire. Mais un homme bien répondra à l'acceptation par l'acceptation, et habituellement avec gratitude.

Pourtant, c'est la nature de l'esprit humain de nous protéger contre quoi que ce soit de dangereux. C'est pourquoi l'esprit nous envoie des scénarios de peines d'amour et de rêves brisés quand nous songeons à laisser tomber nos défenses et à prendre une voie plus risquée, même si c'est potentiellement plus productif. Voici certaines des craintes communes que des femmes m'ont exprimées sur l'acceptation de la nature et des traits masculins de leur partenaire:

- *Le problème pourrait empirer.* Bien des femmes craignent que, si elles lâchent le bras de fer dans lequel elles sont prises avec leur partenaire, le problème va empirer. Par exemple, supposez qu'un homme n'appelle pas sa femme ou sa petite amie assez souvent. Elle se demande où il est et ce qu'il fait, s'inquiète de lui et se sent déconnectée. Elle peut craindre que, si elle cesse de faire pression sur lui à ce propos, il n'appellera plus du tout.

- *Accepter sa nature, c'est comme accepter que j'ai tort.* Si une femme croit qu'elle doit gérer le comportement d'un homme, inverser le cours peut sembler comme un aveu qu'il avait raison et qu'elle avait tort.
- *L'acceptation envoie le message qu'il n'a pas besoin de rien réparer.* Certaines femmes craignent que, si elles cessent d'essayer de corriger la nature masculine de leur partenaire, il peut en venir à la conclusion erronée qu'il est parfait comme il est. Au bout du compte, son comportement négligent, désorganisé et inconsidéré peut consumer la relation.
- *Si je l'accepte comme il est, je vais finir par tout faire le travail.* Si une femme envoie le message que les traits d'un homme sont acceptables, il n'aura plus de raison de travailler à améliorer la relation. Il n'aura plus de raison de l'emmener dîner à l'extérieur ou de nourrir le bébé au milieu de la nuit. Elle sacrifiera ses propres intérêts, compromettra ses valeurs et fera tout le travail dans la relation.
- *Je vais découvrir quel genre d'homme il est vraiment et je n'aimerai pas cela.* Certaines femmes craignent qu'en abandonnant la bataille contre la nature masculine de leur partenaire, elles vont relâcher un flot de comportements irréfléchis et blessants qu'aucune femme ne veut voir chez son homme.

Quelques autres craintes sont plus complexes, je veux donc en discuter plus en détail.

• *L'acceptation veut dire que le vrai problème ne sera pas réglé*

Pensez à un homme qui parle déjà à peine. Sa partenaire peut craindre que, si elle cesse de lutter pour régler le problème, il va se fondre dans le décor complètement. Il est très possible qu'accepter la nature d'un homme lui donne la permission d'agir médiocrement, et peut-être même d'en tirer avantage, mais cela dépend de l'homme. Si votre partenaire interprète votre acceptation comme un permis qui lui est donné de dévaluer la relation, celle-ci a de sérieux problèmes, dont en premier lieu un manque de respect mutuel.

Cela est malheureux, mais aussi instructif à la fois. Il est sans doute préférable de savoir la vérité de sorte que vous puissiez tous deux réagir honnêtement et directement à ce problème sérieux. Toutefois, les hommes bien répondent bien à l'acceptation pour quelques raisons.

Premièrement, l'acceptation de la façon dont les hommes pensent – la façon dont ils abordent les problèmes relationnels, la façon dont ils pensent à eux-mêmes dans les relations et les façons dont la pensée masculine peut être utile en relation – est inhabituelle. Votre partenaire va probablement l'aimer et va sans doute vouloir davantage de ce type d'intimité avec vous.

Deuxièmement, les hommes bien veulent une bonne relation et une partenaire heureuse. Quand leurs partenaires sont heureuses, cela les rend habituellement heureux. Leur bonheur est susceptible de se traduire en affection et en volonté d'améliorer davantage la relation.

Si accepter le style de pensée masculine de votre partenaire est un comportement nouveau pour vous, communiquez-le-lui. Parlez-lui de votre intention de changer votre approche. Vous pourriez lui dire quelque chose comme: «Chéri, je me rends compte que je t'ai poussé à changer et que ça ne fonctionne pas. Je vais plutôt m'appliquer à comprendre ta façon de penser et à accepter nos différentes approches des choses. Bien sûr, mon espoir est que tu me rendes la pareille, mais je ne le fais pas pour te manipuler. Je le fais pour être le genre de personne que je veux être dans notre relation.»

Je sais que ces paroles peuvent être intimidantes à dire. Cela peut être plus facile si vous traitez tous les deux la chose comme une expérience. Si cette expérience d'acceptation échoue, vous pouvez toujours reprendre vos anciennes manières – ou, mieux encore, utilisez la nouvelle information pour mieux comprendre le problème sous-jacent.

• *Les mauvais traitements pourraient dégénérer*

Certaines femmes craignent que l'acceptation puisse faire qu'un comportement à problème, comme l'alcool, l'infidélité ou la violence, ne s'aggrave. Si cela vous préoccupe, la nature masculine n'est pas en cause, ni l'acceptation. Ce sont des signes de problèmes graves. La première préoccupation principale est la sécurité. Si le comportement de votre partenaire constitue une quelconque menace, il est probablement temps de poser ce livre, de vous mettre en sécurité et d'obtenir de l'aide.

• *L'acceptation signifie abandonner votre version de ce qui ne va pas*

Un dernier enjeu, et auquel il peut être difficile de s'attaquer, est qu'accepter la nature d'un homme peut signifier pour une femme d'accepter la possibilité qu'elle a, d'une manière ou d'une autre, contribué aux problèmes dans la relation.

Personnellement, faire face à la possibilité que je contribue à un problème est une des choses que j'aime le moins faire. Nous avons tous notre version sur nos relations et comment elles fonctionnent, et nous sommes souvent le héros ou la victime dans notre esprit, selon ce qui nous sert le mieux.

Dans notre société, tant au cinéma que dans les publicités, le message est devenu entendu que les hommes sont incompétents en relations. Il est facile de croire que les problèmes relationnels commencent et finissent avec les hommes. J'ai même vu des membres de ma propre profession faire cela, et je ne parle pas seulement des psys féminines.

Attribuer les problèmes relationnels à la nature masculine est une réponse facile, et la nature masculine signifie que les hommes acceptent souvent le blâme et essaient de changer (bien que nos tentatives de changer puissent être difficiles à reconnaître). Le résultat de cette réponse facile est que personne n'est heureux parce que les modèles destructeurs continuent, et ils apparaissent souvent aux pires moments.

La plupart des gens ne veulent pas être les premiers à changer de comportement dans une relation. Pour bien des femmes, hésiter à accepter la nature masculine revient à craindre que leur partenaire ne se souciera pas suffisamment pour répondre d'une façon réfléchie et aimante.

• *Place à l'erreur*

Un homme qui a répondu à mon sondage a décrit l'une des dynamiques les plus communes qui décourage les hommes de rendre les femmes heureuses: «Elles n'oublient rien. Les vieilles erreurs, les achats qui n'ont pas fonctionné, les paroles dites sous la colère – un gars ne peut jamais se rétracter. Elles n'acceptent pas des excuses.»

Revenir sur des événements passés dans le cours d'une dispute est souvent une tentative de se rassurer que les vieux problèmes ne se répéteront pas à l'avenir. C'est une stratégie de résolution de problème destinée à éliminer des modèles douloureux.

Mais pour l'homme qui en est le destinataire, cela peut sembler inutilement agressif, et peut faire que la discussion dégénère en querelle stérile concernant des événements particuliers plutôt que des modèles problématiques.

Si un partenaire dans une dispute (souvent l'homme) se concentre sur les événements présents, et que l'autre (souvent la femme) insiste sur des modèles et l'histoire, chaque personne tente de résoudre un problème différent. Le partenaire qui est axé sur les modèles et l'histoire est susceptible de ne pas se sentir écouté, et l'autre qui traite de problèmes immédiats est enclin à se sentir éternellement puni pour des erreurs passées.

C'est précisément la crainte que beaucoup d'hommes m'ont décrite. Comme l'un d'eux l'a expliqué: «Quand vous vous souvenez de nos erreurs passées mais que vous oubliez nos succès, nous croyons que vous vous attendez à ce que nous soyons parfaits.» Cela pousse souvent les hommes à se retirer plutôt que de satisfaire à une norme impossible.

Les hommes sont plus à l'aise dans les discussions quand ils connaissent les règles. Établissez des lignes directrices au début d'une discussion difficile, et dites à votre partenaire si vous voulez discuter de problèmes immédiats, de modèles passés ou de préoccupations pour l'avenir. Bien des hommes préfèrent ne faire qu'une chose à la fois. Nous pouvons nous sentir découragés ou sans espoir lorsque nous courons de multiples problèmes à la fois et que nous percevons qu'aucun n'est résolu.

DEVEZ-VOUS CHANGER, OU LE DEVRAIT-IL ?

Il est facile et même satisfaisant d'attribuer les problèmes à la nature de notre partenaire. Je crois que l'une des choses qui fait que c'est si tentant est que nous avons parfois raison. Parfois, c'est la faute de l'autre. Et parfois, les hommes sont vraiment imbéciles (les femmes aussi, en de rares occasions), alors il peut être facile de s'accrocher à quelques exemples malheureux de mauvais comportement et d'imaginer qu'ils représentent la vraie nature de votre partenaire.

Voici un exemple: Rick s'est soûlé une fois – chose rare pour lui – et il a insulté la mère de son épouse. Il ne l'a pas fait devant elle, mais il l'a plutôt qualifiée d'un terme de mépris en présence de sa femme. En réalité, il aimait sa belle-mère. Mais à cette occasion, il avait de la difficulté avec d'autres personnes de sa vie et il a mal dirigé sa colère.

L'incident n'a causé aucun tort direct. Sa belle-mère n'a jamais entendu les mots blessants. Mais à partir de là, sa femme, Angie, a présumé que cette erreur momentanée représentait les vrais sentiments de son époux.

Quand Rick a été sobre, le lendemain, il a tenté d'expliquer à Angie que ses remarques ne représentaient pas ses sentiments à l'endroit de sa belle-mère, mais il était trop tard. Malgré des années de preuves qu'il admirait la mère d'Angie, cette dernière avait de la difficulté à lâcher prise sur ce commentaire. Il ne pouvait pas la convaincre que ce n'était pas vrai.

Angie a même pris le déni de Rick pour une preuve, pensant: *Il doit croire cela assez profondément s'il doit travailler aussi fort pour le cacher.* La réaction d'Angie est fréquente. L'esprit s'accrochera à n'importe quoi qui semble le moins menaçant. Sa difficulté à lâcher prise découle probablement d'une menace perçue à l'harmonie familiale. Et pourtant, elle réfutait la nature de son époux d'après un seul incident, et cela peut tourner en véritables problèmes.

Quand Angie a souscrit à la pensée que Rick détestait sa belle-mère, elle s'est mise à agir comme s'il la détestait vraiment. Elle essayait de les éloigner l'un de l'autre et se conduisait tout en excuses quand il rencontrait cette femme. Angie s'inquiétait aussi de ce que son époux l'insulte de nouveau, et cette anxiété créait un ton bizarre quand tous deux étaient ensemble.

Le comportement d'Angie n'a pas fait que Rick déteste sa belle-mère, mais il a créé une distance palpable entre lui et la mère de sa femme. Le déni d'Angie des vrais sentiments de Rick a contribué à créer exactement ce qu'elle craignait en lui. Ce déni a également fait qu'il était impossible pour Rick de lui faire plaisir en ce domaine, ce qui était particulièrement douloureux pour lui.

Ce type de dynamique peut se manifester de maintes façons. Par exemple, un homme qui craint que sa femme ne soit soupçonneuse peut commencer à cacher ses activités, ce qui éveillera effectivement les soupçons.

Cette dynamique a vraiment affecté la relation de Tamara et Sam. Tamara, croyant que Sam fuyait dans le travail parce qu'il ne l'aimait pas, a commencé à agir comme s'il ne l'aimait pas, alors qu'il l'aimait. Elle n'a certainement pas causé son comportement, mais en refusant la nature et les sentiments de Sam et en croyant à sa propre histoire à son sujet, Tamara a involontairement contribué à rendre l'atmosphère de la maison si désagréable que Sam voulait y échapper. De cette façon, elle a donné vie à ses pires peurs à propos de Sam. Et, tout comme Angie, elle a fait en sorte qu'il était de plus en plus difficile pour son mari de lui faire plaisir – une position que la plupart des hommes trouvent intenable.

Donc, en se basant sur la compréhension de cette dynamique, revenons à la question de savoir quel partenaire devrait changer. Si vous pensez à Sam comme le ferait un avocat plaidant, vous pourriez établir solidement qu'il était responsable des problèmes de la relation. C'est lui qui s'est retiré de la famille et qui a fait passer ses collègues avant sa femme. Il a ignoré les vrais besoins de Tamara. C'est nettement lui qui devrait changer.

Mais vous pourriez établir tout aussi solidement que Tamara était fautive. Elle a fait peu de cas des difficultés que Sam traversait au travail. Elle a commencé à le houspiller et est devenue de compagnie désagréable. Elle a creusé le trou plus profondément quand elle a ajouté de la pression alors que Sam se repliait. C'est nettement elle qui devrait changer.

Si ce n'est pas encore évident, je crois que «Devez-vous changer, ou le devrait-il?» est, dans la plupart des cas, une question piège et un faux dilemme. Il y a une troisième option.

ACCEPTER LE REVERS DE LA PIÈCE

La troisième option consiste simplement à s'attaquer aux modèles problématiques en équipe plutôt que d'essayer d'obliger un des partenaires à changer. Changer des modèles problématiques est généralement plus satisfaisant et productif que l'alternative, et au prochain chapitre, je vous offrirai des conseils à cette fin. Mais d'après mon expérience, il est difficile pour les couples de chercher à changer les modèles quand ils ont encore dans l'idée de se changer l'un l'autre.

Accepter la nature de notre partenaire – l'accepter et l'accueillir dans la relation – est en quelque sorte plus facile quand nous reconnaissons que leurs traits les plus agaçants sont souvent le revers des qualités que nous admirons le plus. Ce sont les deux côtés de la même pièce. Les hommes dont j'ai raconté l'histoire ont chacun ce que vous pourriez considérer comme étant des traits forts, typiquement masculins, et chacun de ces traits avait un côté obscur. Les voici:

- Mike était fort et stoïque, mais son stoïcisme a créé une fissure dans sa relation.
- Le désir de Sam d'être un bon pourvoyeur l'a séparé de sa famille.
- L'assurance de Tyrone lui donnait l'air d'un dominateur.
- La confiance de Justin dans sa débrouillardise a fait que sa femme croyait qu'il ne se souciait pas de l'avenir.
- Le désir d'Oscar de régler les problèmes des autres a fait que sa femme et sa fille se sentaient négligées.
- La recherche d'un foyer paisible d'Andy a créé des moments d'intense conflit.

Pour eux tous, leurs qualités masculines les plus et les moins utiles étaient deux côtés de la même pièce. Voici la question que chacun de nous doit se poser dans une relation: *Pouvez-vous voyager avec ces pièces légères dans vos poches, chacune détenant le potentiel pour de la joie et de la douleur?*

J'espère avoir établi qu'accepter les traits masculins peut ouvrir la porte à des possibilités qui semblaient inatteignables. Cela vous permettra de changer productivement des modèles dans votre relation plutôt que de combattre non productivement la nature masculine de votre partenaire – une nature qui peut être un allié puissant et merveilleux.

Nous sommes arrivés à la fin de notre périple avec Mike, Sam, Tyrone et les autres hommes présentés dans les première et deuxième parties du livre. La troisième partie portera sur la façon de communiquer avec le sexe moins communicatif.

Pour l'homme de votre vie
Sachez quel genre d'armure vous portez

Messieurs, parlons des réactions émotionnelles secondaires. Ce sont des émotions qui recouvrent une réaction émotionnelle initiale, comme se sentir déçu à l'intérieur mais montrer de la colère à l'extérieur. La plupart des hommes ont été entraînés à cacher les émotions qui les font paraître comme des mauviettes, alors ils les déguisent avec des manifestations masculines de colère, d'humour, de repli et ainsi de suite. Chez la plupart des hommes, le processus est si automatique qu'ils ne se rendent même pas compte qu'ils le font.

Les réactions émotionnelles secondaires nous font paraître et nous sentir forts, mais elles ont un prix. Elles peuvent faire en sorte que la femme de notre vie se sente frustrée, fâchée, blessée ou isolée. Ce n'est pas ce que veut accomplir un homme bien.

Tout homme qui veut une relation plus heureuse doit se familiariser avec ses réactions secondaires. Comme bien des hommes, je suis prompt à me fâcher. Mais cette colère recouvre habituellement une réaction émotionnelle «plus douce», comme la peur que je suis sur le point d'être déçu ou la douleur d'être traité de façon irrespectueuse. Parfois, ces blessures n'existent que dans mon imagination, mais mes réactions secondaires se pointent comme si elles étaient vraies. Reconnaître mes réactions secondaires pour ce qu'elles sont – un masque – m'aide à réagir de façon réfléchie plutôt que de m'emporter prématurément.

Comprendre vos propres réactions secondaires n'est pas sorcier. Il s'agit de revoir au ralenti vos événements intérieurs. Si vous voulez le faire vite et efficacement, embauchez un psy. Un bon fera bien le travail. Si vous n'êtes pas prêts à cela, écrire sur ce qui se passe dans votre tête est une autre stratégie utile.

Mais oui, j'ai dit écrire, comme dans tenir un journal. Quelques minutes ici et là – surtout après des émotions intenses –

vous aideront à comprendre ce qui se passe sous le capot. Il n'est pas nécessaire d'écrire à la main, à l'ordinateur convient bien, et vous pouvez verrouiller le fichier comme Fort Knox, de sorte que personne ne puisse le voir. Le journal est utile parce qu'il vous oblige à traiter l'information verbalement, et c'est une façon très efficace de comprendre vos fonctionnements intérieurs et d'empêcher les mêmes vieux problèmes de se répéter.

Les réactions secondaires sont comme une armure émotionnelle. Elles peuvent vous protéger jusqu'à un certain point, de la même manière qu'une cage de sécurité peut protéger un chauffeur. Mais les cages et les armures sont des solutions à court terme. Il vaut mieux éviter les collisions et le feu en premier lieu, ce qui requiert de la perspicacité qui, elle, nécessite de la pratique.

3e Partie

Comment parler l'hommais

Il y a les chuchoteurs de chevaux, de chiens et même de chats. Ils apprennent à parler le langage des animaux plutôt que de s'attendre à ce que les animaux apprennent le langage des gens. Cette communication bilatérale crée une relation suprêmement paisible. Une telle habileté peut être pratique entre les sexes. Je suppose qu'une femme qui apprendrait le langage des hommes serait une «chuchoteuse d'hommes».

Les femmes sont généralement habiles avec les mots et les émotions. Les hommes ne sont pas les as en la matière; ce n'est pas notre point fort. Et pourtant, dans les relations, on demande souvent aux hommes de réprimer leurs plus grandes compétences et d'utiliser plutôt les mots et les émotions qui peuvent être si insaisissables.

Il est de bonne guerre de demander cela aux hommes, mais ce n'est efficace qu'à un certain point. Et si les hommes et les femmes se rencontraient à mi-chemin, et combinaient les aptitudes verbales et émotionnelles des femmes avec les compétences de résolution de problème enthousiastes des hommes? La combinaison du meilleur des deux pourrait faire de vous une chuchoteuse d'hommes diplômée.

Chapitre 7

Briser le modèle, pas l'homme

Voici l'un des sentiments les plus destructeurs et répandus qu'une femme peut apporter à une relation: *Si tu m'aimais, tu n'agirais pas ainsi.* Cela peut se présenter sous différentes formes: *Tu ne serais pas si stoïque. Tu ne passerais pas tes dimanches à regarder les sports. Tu n'éviterais pas ma famille. Tu ne passerais pas tant d'heures au travail.*

De pareils énoncés visent habituellement à vous rassurer sur l'amour que l'homme vous porte. Ils peuvent même fonctionner parfois, mais ils provoquent souvent le contraire des sentiments amoureux. Ils sont destructeurs pour deux raisons.

Premièrement, ils contredisent et invalident ce que l'homme ressent probablement – il aime sa partenaire *et* il aime regarder les sports. Si une femme accuse son homme à répétition de ne pas l'aimer, il pourrait se mettre à le croire parce que c'est tellement décourageant à entendre de la part de la femme à laquelle il s'est dévoué.

Deuxièmement – et c'est le sujet de ce chapitre – cette fausse dichotomie («Si tu m'aimais, tu ne ferais pas...») est une grande diversion de ce qui se passe réellement dans la relation. Je l'ai vu maintes et maintes fois dans ma pratique: dès qu'une femme ouvre la bouche sur la variation du sentiment, le couple est aspiré dans une dispute à savoir si oui ou non l'homme a suffisamment démontré son attachement. Voici comment:

Elle: Je pense parfois que si tu m'aimais vraiment, tu voudrais passer plus de temps avec moi.

Lui: C'est ridicule. Si je ne t'aimais pas, je ne t'aurais pas épousée! Et nous faisons des choses ensemble tout le temps. Je n'ai même pas protesté quand tu m'as traîné à ce stupide *baby shower mixte* la semaine dernière.

Elle: Tu es venu seulement parce que tu savais que je me fâcherais si tu ne venais pas.

Lui: Oh, fiche-moi la paix! Je fais tout ce que tu me demandes.

Elle: Ouais, et tu boudes tout le long!

Et ainsi de suite. C'est comme le tunnel cosmique de la relation qui envoie un couple vers une autre galaxie sans chance réelle de revenir à la maison. C'est épuisant et sans fin, et personne n'en sort bien portant.

Le véritable enjeu revient souvent à quelque chose comme ceci: la femme se sent seule et son partenaire se sent incapable de lui faire plaisir, alors ils tombent dans ce piège mutuel. Malheureusement, chaque fois qu'un partenaire entame «Si tu m'aimais...», l'autre sera sur la défensive. Un homme qui reçoit cette expression peut finalement conclure qu'il n'y a pas moyen de faire plaisir à sa partenaire.

COMMENT PENSENT LES HOMMES

«Elle peut tout tourner en dispute. Quand je la contrarie, plus moyen d'y échapper.»

Les situations sans issue sont catastrophiques pour les relations. Pour illustrer ce fait pénible, examinons un exemple plus détaillé. Puis, j'expliquerai comment éviter de placer un homme dans une situation sans issue.

• Tim et Julie

Tim et Julie avaient la mi-trentaine quand ils se sont mariés, et c'était pour chacun un deuxième mariage. Tim disait que sa première épouse avait divorcé parce qu'elle n'était jamais heureuse: «Peut-être que nous n'étions pas faits pour être ensemble. Il semblait que je n'en faisais jamais assez pour elle ou que je n'étais jamais le bon genre de gars pour elle.»

Le premier mariage de Julie était aussi déplaisant: «Je n'ai jamais pu faire pleinement confiance à mon premier mari. Je savais qu'il avait une autre petite amie cachée dès le début. Peut-être qu'il n'en avait plus, mais j'avais toujours le sentiment qu'il cachait quelque chose. Nous nous disputions constamment à propos d'où il se trouvait et de ce qu'il faisait.»

Peu après leurs divorces respectifs, Julie et Tim sont tombés amoureux. Venant de mariages ratés, tous deux étaient assoiffés d'affection et de proximité, et avaient aussi faim d'aimer quelqu'un d'autre sans les jugements et les soupçons qui les avaient tourmentés dans leurs relations précédentes. Dans les premiers temps de leur relation, tout semblait si simple et joyeux. Ils se sentaient tellement compatibles.

Hélas, toute lune de miel prend fin. Après quelques mois de mariage, Tim s'est senti de plus en plus attiré par son travail et de moins en moins par Julie. Il n'entendait ni l'ignorer ni s'en éloigner, il voulait simplement restaurer l'équilibre perdu. Il avait aimé la phase de la lune de miel, mais il la voyait exactement comme cela, une phase, et il croyait qu'il était temps de mettre de nouveau l'accent sur le travail.

De manière typiquement masculine, Tim n'a pas communiqué ses idées à Julie. Il a présumé qu'elle devait penser comme lui, surtout parce que leurs pensées et leurs sentiments avaient toujours été en harmonie.

⇨

Mais pour Julie, il semblait que Tim s'échappait en douce. Elle avait remarqué qu'il passait plus de temps au travail, qu'il était moins affectueux qu'avant et qu'il semblait parfois préoccupé. Ces changements dans son temps et son attention qu'il lui consacrait ont réveillé de vieilles anxiétés en elle. La dernière fois qu'elle avait senti l'affection d'un homme s'évanouir, ce fut le début d'un long et douloureux déclin dans la relation, laquelle s'est soldée par un divorce.

Julie a tenté de résister à ses doutes, mais son anxiété lui a fait questionner l'attachement de Tim. Elle s'est mise à lui demander ce qu'il faisait, pourquoi il passait moins de temps avec elle et quand ils pourraient passer plus de temps ensemble de nouveau.

Ces questions étaient toutes parfaitement raisonnables, et Tim aurait dû être en mesure d'y répondre avec son explication aussi parfaitement raisonnable. Il aurait dû être capable de dire à Julie qu'il l'aimait autant qu'avant. S'il avait répondu ainsi, ils auraient probablement pu avoir une conversation aimante et productive sur le temps qu'ils passaient ensemble.

Mais à l'instar de Julie, l'anxiété de Tim a pris le dessus sur lui. Quand elle a commencé à le questionner, son esprit est revenu à sa première épouse, la femme qu'il ne pouvait jamais satisfaire et qui l'a finalement quitté. Alors il a répondu sèchement à Julie.

Une fois, quand elle lui a téléphoné au travail pour savoir quand il rentrerait, il a répondu brusquement: « Je suis au travail. Je rentrerai quand j'aurai fini. » Il semblait à Julie qu'il la rejetait avec colère. En réalité, il était simplement nerveux et il espérait qu'une réponse ferme lui montrerait qu'il ne se laisserait pas bousculer.

La situation s'est vite envenimée en un cycle douloureux pour les deux. Plus Julie poussait pour se rassurer que Tim l'aimait, plus il résistait. Et plus il résistait, plus elle poussait.

⇨

Sous peu, leurs échanges sont devenus enflammés, Julie disant des choses comme: « Je ne sais pas pourquoi je prends la peine de te parler. Tu t'enfuis toujours. » Et Tim répondait de plus belle: « Peut-être que tu devrais me ficher la paix de temps en temps ! »

Ils ont finalement atteint une impasse où Tim évitait presque toute conversation sur leur relation et où Julie croyait qu'elle courait constamment après lui pour obtenir des miettes d'information et d'affection. Cela ressemblait beaucoup à son premier mariage, où elle était toujours en manque d'information et où elle craignait qu'une conversation tourne au vinaigre sans avertissement.

C'était tout aussi pénible pour Tim. Tout comme dans son premier mariage, il croyait qu'il n'était pas possible de garder sa femme heureuse. Il croyait avoir échoué en amour une autre fois. Julie et lui pouvaient avoir des conversations civilisées sur des choses banales, et ils profitaient même de la compagnie l'un de l'autre la plupart du temps, mais il redoutait la possibilité que la conversation prenne une tournure plus profonde. Cette crainte faisait en sorte qu'il voulait presque éviter Julie tout à fait, et il se demandait comment les choses avaient pu se détériorer.

DÉCELER UN MODÈLE

J'ai choisi l'histoire de Tim et Julie pour deux raisons. Premièrement, ils sont tombés dans un modèle de retrait et de poursuite, Tim évitant la conversation et Julie le pourchassant. C'est sans doute l'un des modèles relationnels les plus répandus qu'on puisse relier presque directement aux différences entre les natures masculine et féminine. Deuxièmement, puisque la façon de penser masculine contribue au modèle, c'est une bonne occasion d'examiner comment les hommes pensent.

Avant qu'un couple puisse briser un modèle, il faut d'abord qu'il remarque qu'il existe. Cela semble évident, non? Malheureusement, remarquer les modèles tombe dans la catégorie des choses plus faciles à dire qu'à faire. En fait, si j'écrivais un dictionnaire des relations, je définirais un modèle relationnel comme un ensemble de comportements répétitifs que les couples cessent fréquemment de remarquer.

Cela se produit partiellement à cause des émotions qui font obstacle. Par exemple, Tim commençait à ressentir la peur et la frustration d'échouer de nouveau à une relation. Chaque fois qu'une discussion intense semblait imminente, cette peur oppressante, qui demeurait non reconnue et non nommée, le poussait dans une direction sûre, loin de la conversation douloureuse.

Les couples sont aussi aveugles aux modèles parce qu'il est si facile de s'arrêter aux petits incidents plutôt qu'aux blessures émotionnelles qu'ils causent. Tim et Julie auraient pu passer des journées entières à se disputer au sujet de l'horaire de travail de Tim sans reconnaître la douleur que chacun ressentait. Comme le professeur de psychologie à UCLA, Andrew Christensen, m'a dit dans une conversation, les couples font souvent une fixation sur la flèche, pas sur la blessure. Cependant, il est généralement plus productif de parler de la vulnérabilité émotionnelle que de l'incident qui l'a enclenchée.

J'ai parlé à Christensen des modèles comme celui où Tim et Julie sont tombés – un modèle si commun que les chercheurs lui ont donné un nom: *le modèle demande-retrait*. Il m'a dit que le rôle que chaque partenaire assume dans le modèle demande-retrait dépend de ce que ces personnes ont misé dans la relation, en tout temps. Par exemple, si un homme veut des rapports sexuels et que la femme ne veut pas, alors il est dans le rôle du demandeur et elle est en retrait. Il m'a dit que les femmes se retrouvent habituellement dans le rôle de demander, parce qu'elles veulent souvent un degré plus élevé d'unité que les hommes. Les femmes désirent aussi améliorer les relations plus souvent que les hommes, et selon Christensen, c'est l'une des raisons pour lesquelles les femmes initient plus souvent la thérapie de couple.

Bien sûr, les hommes aussi veulent la proximité, bien que la proximité qu'ils désirent puisse avoir un autre aspect. Un homme m'a dit: «Les hommes sont des êtres simples, directs, qui désirent chaleur et intimité.» Un autre a dit: «Nous essayons essentiellement de cacher nos émotions. Cela ne veut pas dire que nous n'avons pas de sentiments, nous choisissons seulement de ne pas les montrer plus que nécessaire.»

Même si les deux sexes veulent l'intimité, Christensen croit qu'il est sensé que les femmes soient plus souvent dans le rôle de demander la proximité émotionnelle. Dans la majeure partie de l'histoire de notre espèce, les femmes ont eu besoin d'une relation plus rassurante pour leur protection durant les périodes vulnérables, comme la grossesse et l'accouchement. Les hommes, par ailleurs, avaient moins de choses en jeu émotionnellement et avaient moins besoin de contacts. (Je crois qu'il vaut aussi la peine de noter que les hommes s'adonnaient souvent à des activités en équipe, loin de la maison, qui contribuaient à la survie des femmes et des enfants.) Il est facile d'imaginer que nos ancêtres ont développé le modèle demande-retrait et nous l'ont transmis.

Peu importe comment nous en sommes arrivés à l'état actuel des choses, Christensen a constaté que, bien que les hommes se retirent souvent d'un conflit pour éviter les problèmes, c'est une expérience terrible pour les femmes. Comme il me l'a dit: «Les hommes ne se rendent pas souvent compte à quel point leur retrait est douloureux, quand ils se disent *Si on ne s'entend pas, évitons-nous simplement et ne discutons pas.* Cette solution semble simple, alors que pour les femmes, ou qui que ce soit qui veut un meilleur lien, le résultat peut être très douloureux.»

LUI DONNER UN MOYEN DE GAGNER

D'après mon expérience, de nombreux couples tentent de résoudre leurs problèmes en mettant l'accent sur des événements isolés plutôt que sur les modèles plus généraux. Comme Tim et Julie, ils peuvent se perdre dans le fameux terrier d'Alice, se disputant à propos d'incidents spécifiques, étant de plus en plus inconscients du fait qu'ils ont toujours la même dispute au sujet de différents incidents. Par exemple, s'ils se disputaient au sujet de l'horaire de travail de Tim ou du temps qu'il passe avec ses amis, Julie se disait probablement quelque chose comme: *Si on peut trouver pourquoi il passe plus de temps loin de moi, peut-être qu'on peut mettre fin au problème; peut-être qu'il va réaliser à quel point je me sens blessée et qu'on peut se rapprocher de nouveau.* Tim se disait probablement: *Je souhaite qu'elle réalise que je l'aime; si je peux seulement mettre un point final à cette dispute, peut-être qu'on peut se rapprocher de nouveau.*

Voici un conseil pas tellement secret sur la nature humaine: nous ne changeons pas facilement de stratégie. Quand une approche ne fonctionne pas, les hommes comme les femmes tendent à redoubler d'effort avec des stratégies inefficaces. Dans les relations, cela peut facilement produire une fixation sur la mauvaise cible. En mettant l'accent sur la flèche des heures de travail prolongées, Tim et Julie ont perdu de vue les blessures: Julie se sentait abandonnée et Tim se sentait critiqué et inadéquat. C'est là leur modèle demande-retrait, et c'est de cela qu'ils doivent discuter.

Vous pensez peut-être: *Bien voyons, mon partenaire n'est pas à la veille de discuter de ses émotions.* Vous avez sans doute raison, mais mon expérience me dit que la plupart des hommes sont plus disposés à parler des modèles que de leurs propres déficiences personnelles ou comportementales, pour plus d'une raison.

La première raison est qu'un modèle est un problème identifiable auquel un homme peut s'attaquer. Une crainte répandue chez les hommes est que chaque dispute est perdue d'avance pour eux. Comme me l'a confié un homme: «Les hommes veulent éliminer l'approximation. Nous voulons savoir qu'il y *a* une bonne réponse.» Mettre l'accent sur un modèle plutôt que sur des événements spécifiques donne espoir à un homme que le problème peut se résoudre. L'homme de la citation suivante n'a pas mâché ses mots, mais je crois qu'il a décrit comment bien des hommes, malheureusement, finissent par penser de leur partenaire: «Je crois que les gars seraient plus enclins à communiquer si les femmes étaient prêtes à aller droit au but et à régler le problème plutôt que d'éviter la solution et de mettre l'accent sur les symptômes.»

Il peut sembler étrange d'entendre un homme se plaindre des femmes qui évitent la solution alors que tant de femmes croient que ce sont les hommes qui évitent de discuter. Mais en fait, c'est ainsi que bien des hommes se sentent quand un problème revient à répétition sans résolution. Ils se mettent à croire que les femmes sont plus intéressées à perpétuer les problèmes qu'à les résoudre.

La deuxième raison pour laquelle les hommes sont habituellement plus disposés à se pencher sur les modèles plutôt que sur des événements ou des déficiences spécifiques est le message de responsabilité partagée que cela envoie. Cela dit à un homme qu'il ne sera pas sous attaque. Les hommes croient souvent qu'ils sont blâmés pour les difficultés relationnelles et qu'il n'y a pas moyen d'y échapper. Mettre l'accent sur les modèles peut éviter de créer le sentiment d'incompétence ou de désespoir qui les pousse au retrait.

COMMENT PENSENT LES HOMMES

«Je veux qu'elle soit heureuse, et je suis frustré que des problèmes faciles à régler soient traités comme des crises insurmontables. Vraiment, je veux seulement la paix à la maison, ce qui, pour le meilleur et pour le pire, est défini par ma femme.»

Déceler les modèles n'est pas si compliqué, bien qu'il puisse être difficile de s'éloigner des événements spécifiques – les flèches – et de remarquer le caractère répétitif des blessures. Si vous vous demandez si votre partenaire et vous êtes tombés dans un modèle destructeur, examinez si l'un de vous a déjà dit ce genre de chose:

- «Pourquoi me fais-tu toujours ça?»
- «Pourquoi avons-nous toujours les mêmes disputes encore et encore?»
- «Ça fait des années de cela. Pourquoi ramènes-tu toujours ça?»

Si c'est le cas, il y a de fortes probabilités qu'un modèle ait pris place. Déceler le modèle est le plus difficile. Une fois qu'il est ouvert – que vous y avez relié des paroles et des observations – son fonctionnement intérieur devient habituellement plus apparent. Un bon thérapeute peut aussi aider un couple à cesser de se lancer des flèches et à commencer à guérir les blessures.

Vous vous demandez peut-être ce qui suit une fois que le modèle est ouvert et que vous avez commencé à en identifier le fonctionnement. Eh bien, dans le monde de l'hommingénierie, il n'y a qu'une réponse: le réparer.

CHANGER LE MODÈLE

Avant de parler d'améliorer un modèle destructeur, permettez-moi de vous donner un exemple qui consiste à empirer un modèle. C'est ce qui est arrivé à Esther, qui a emmené son mari Ethan en thérapie parce qu'elle croyait ne pas pouvoir lui faire confiance. Elle se souciait de ce qu'il faisait la fête, qu'il courait les jupons et de tout ce que font les mauvais garçons.

Ses soupçons menaient souvent à d'âpres disputes où elle le pressait d'expliquer ses allées et venues et ses activités, et aucune des réponses qu'il lui donnait ne la satisfaisait. Si détaillées que fussent les explications de son époux, elle saisissait toujours les trous perçus dans ses récits et l'interrogeait de plus belle. Elle le cuisinait sur des dates, des heures et des incidents spécifiques. Ils pouvaient passer des heures à se quereller sur des détails. Esther était toujours à l'offensive dans ces discussions, et Ethan, toujours sur la défensive. Ils mettaient l'accent sur des milliers de petites flèches, mais jamais sur la blessure.

La vérité est que le mari d'Esther lui avait donné raison de se méfier dans le passé, et cela a enflammé une étincelle de soupçons qui a fini par consumer la relation. Bien qu'Ethan ait eu expié ses transgressions et apporté des changements majeurs à son comportement, les interrogatoires constants d'Esther lui faisaient sentir qu'elle ne lui pardonnerait jamais. Il en est venu à tellement détester ses accusations qu'il a commencé à cacher son comportement, et parfois à falsifier ses allées et venues, malgré le fait qu'il ne faisait rien de mal. Il tentait de protéger sa dignité et, ce faisant, il se comportait comme s'il était encore indigne de confiance.

Changer un modèle peut être source de malaise. Préparer le terrain pour un changement significatif dans une relation se traduit souvent par offrir à l'autre personne précisément ce qui est le moins agréable à offrir. Dans le cas d'Esther, cela aurait voulu dire d'agir comme si elle faisait confiance à Ethan après qu'elle a décidé de lui pardonner, ce qui peut sembler injuste à demander. Pourquoi Esther devrait-elle faire preuve de confiance alors qu'Ethan ne s'était pas montré digne de confiance dans le passé? Pourquoi serait-elle celle qui doive ouvrir la voie au bonheur?

Si c'était un livre destiné aux hommes, je les défierais de relever une tâche différente mais aussi difficile, comme je le fais régulièrement dans ma pratique, et comme je le ferai dans la section réservée aux hommes à la fin de ce chapitre. Dans ce cas, cependant, je présenterais le défi à Esther, sans obligation, et bien sûr, le choix serait entièrement le sien.

Parce que les hommes croient si souvent qu'ils sont moins doués que les femmes pour les relations, il est important de trouver la position qui aidera votre partenaire à baisser ses défenses. Esther aurait-elle dû faire confiance à son mari? Ce n'est pas à moi de le dire. À condition qu'elle croie que ses changements étaient authentiques, je suppose. Offrir sa confiance à un transgresseur place une personne dans une position vulnérable, et je ne sais pas si Ethan méritait sa confiance.

Mais je peux affirmer avec certitude qu'Esther et Ethan étaient tombés dans un modèle de communication semblable à celui de Tim et Julie. Ils étaient pris dans les détails et incapables de résoudre un problème plus large parce qu'ils mettaient l'accent sur des exemples fugitifs. Esther questionnait Ethan sur ses allées et venues, Ethan lui donnait une réponse défensive, et Esther répondait à sa défensive par plus de soupçons. C'était épuisant et ce n'était pas la relation qu'Esther voulait. Elle perdait de vue ses valeurs relationnelles.

La solution de rechange pour Esther, au lieu d'agir d'une façon qui augmentait l'attitude défensive d'Ethan – et c'est le défi – serait d'offrir quelque chose qui l'aiderait à baisser sa défensive. Il s'agirait peut-être d'abandonner la bataille pour l'affection et l'unité et de permettre plutôt à Ethan de démontrer de l'affection au moment de son choix et à sa façon.

Il peut être utile de discuter des démonstrations d'affection avec votre partenaire de manière à pouvoir les reconnaître lorsqu'elles se manifestent parce que, comme nous en avons discuté, les hommes sont parfois timides pour exprimer leur amour. Quelque chose d'aussi peu romantique que réparer un robinet qui fuit peut signifier davantage pour lui que pour vous.

Vous montrer à votre partenaire sous ces jours-là peut sembler difficile, voire menaçant. Il est possible que ce ne soit pas réciproque. Mais, en général, un homme bien va vous rendre allègrement la pareille lorsqu'il perçoit une voie claire vers une relation paisible.

AUSSI DIFFICILE QUE 1-2-3

Une fois pris dans un jeu de souque à la corde comme celui d'Esther et de Julie, il est difficile de voir quoi que ce soit d'autre que la corde. Mais les couples dans cette situation ont plus d'options qu'ils ne le réalisent. Ils n'ont pas à rester coincés dans des modèles de souffrance.

Plus bas, je présenterai une recette simple (mais difficile) pour vous aider, vous et votre partenaire, à créer de nouveaux modèles sains. Avant de l'essayer, une mise en garde: quand vous aurez décidé de mettre fin à la bataille de votre part, expliquez-le à votre partenaire et faites-lui une offre de paix.

Pour Julie, cette offre de paix pourrait ressembler à: «Tim, je réalise que j'ai essayé d'obtenir plus d'intimité de ta part en essayant de te forcer à passer plus de temps avec moi. Je me rends compte que je ne fais qu'empirer les choses pour nous. Je n'ai pas agi comme la personne que je veux être dans notre relation. Alors je vais être moins exigeante et plus aimante.»

Esther pourrait dire: «Ethan, j'ai éprouvé de la difficulté à te faire confiance, alors j'ai agi comme si tu n'étais pas digne de confiance. Cela ne fait qu'empirer les choses pour nous et ce n'est pas le genre de partenaire que je veux être. Dorénavant, je vais essayer d'agir de manière plus confiante.»

Ce sont des choses difficiles à dire. En fait, ce genre d'énoncé est susceptible de vous faire sentir vulnérable aux blessures mêmes que vous tentez d'éviter. Il n'y a pas de garantie de sécurité émotionnelle. Il n'y a que son caractère à lui sur lequel baser la décision.

Voici maintenant cette recette d'hommingénierie pour changer des modèles destructeurs:

1. Remarquez quand le modèle s'impose.
2. Interrompez le modèle.
3. Remplacez le comportement.

1. *Remarquez quand le modèle s'impose*

Quand votre offre de paix est faite, vous devriez avoir une conversation avec votre partenaire au sujet du modèle qui s'est manifesté.

Julie pourrait entamer la conversation ainsi: «Je remarque que, chaque fois que je me sens comme si tu ne veux pas être avec moi, je me mets à insister pour que tu passes plus de temps avec moi, ce qui semble te faire fuir.»

Et pour Esther: «J'ai remarqué que, lorsque l'insécurité me gagne pour te faire confiance, je te presse pour avoir des détails, et il semble que ça devient plus difficile pour toi de me parler.»

Ces deux femmes pourraient demander qu'à l'avenir, quand l'un des partenaires ressent ces vieux sentiments ressurgir (quand Esther se sent soupçonneuse et fragile, quand Julie se sent seule, ou quand leurs hommes sentent le besoin de s'éloigner), ils identifient le modèle, comme il survient, en mettant des mots sur l'expérience. Identifier le modèle au moment où il réapparaît est une étape d'une importance vitale. Car sans l'avoir identifié et étiqueté, un couple est susceptible d'y retomber.

2. *Interrompez le modèle*

La prochaine étape consiste à arrêter cette vieille interaction habituelle dès que le modèle commence à apparaître. Pensez aux avertissements lumineux du tableau de bord d'une voiture. Ils vous indiquent que quelque chose ne va pas, mais ne vous disent pas nécessairement ce qu'est le problème exactement. Les pensées et les sentiments qui surviennent au début du modèle sont comme ces avertissements lumineux.

Par exemple, Esther pourrait remarquer le sentiment qu'elle ne peut faire confiance à Ethan ou prendre conscience de pensées comme quoi il fait quelque chose de malhonnête. Ethan peut avoir un accès de colère quand il se sent interrogé ou s'arrêter à la pensée qu'il ne peut avoir de répit et qu'Esther se méfiera toujours de lui. Ces pensées et ces sentiments sont leurs avertissements lumineux. *Ne roulez plus. Il est temps d'arrêter et de vérifier le moteur.*

Il est essentiel de discuter et d'identifier ces signes avertisseurs, de les mettre en mots, de sorte que vous sachiez tous deux quand ils se manifestent. La plupart des couples trouvent que dès qu'ils remarquent les signes avertisseurs, il est énormément utile de prendre une pause et de revenir à la conversation après un laps de temps mutuellement convenu, ce qui laisse la chance aux deux parties d'élaborer une réponse plus mesurée. Ne soyez pas surpris si votre partenaire a besoin de plus de temps que vous pour mettre des mots sur son expérience.

3. *Remplacez le comportement*

Quand vous revenez à la conversation – et il est important que vous en conveniez préalablement – discutez des blessures avant de discuter de la flèche.

Par exemple, Julie pourrait amorcer la conversation ainsi: «Quand tu as dit que tu ne pouvais pas partir du bureau à temps, j'ai pensé que tu ne m'aimes pas assez pour vouloir être avec moi.» Esther pourrait dire: «Quand je n'ai pas su où tu étais à l'heure du lunch, j'ai pensé que je ne pouvais pas te faire confiance.»

À ce point, le travail de votre partenaire est d'aborder la blessure, et non d'admonester au sujet de la flèche. Il est utile de discuter de cette stratégie au préalable, lorsque vous n'êtes pas dans les griffes émotionnelles du modèle.

Expliquez que, lorsque vous venez vers lui pour tenter de briser le modèle, vous vous attendez à ce qu'il reconnaisse votre sentiment, et non à ce qu'il vous entraîne dans la dispute. De même, il sera utile pour lui d'identifier sa réaction et pour vous de la reconnaître.

Par exemple, Tim pourrait dire à Julie: «Oui, quand tu as eu l'air contrarié, je crois que j'ai eu envie de mettre fin à la conversation. Mais je t'aime et je veux passer du temps avec toi.» N'hésitez pas à donner des instructions à votre partenaire au préalable sur le type de formulation qui vous aidera et aidera à briser le modèle. Vous pouvez aussi renoncer à ce niveau d'instructions parce qu'il pourrait affaiblir la signification des mots qu'il emploie. C'est parfaitement naturel, mais c'est le genre de chose qui peut faire qu'un homme croie qu'il n'y a pas de chemin vers le bonheur. Il peut croire que vous avez caché la clé de votre cœur.

Parfois, nous ne savons pas ce qui vous rend heureuses à moins que vous ne le disiez. Cela ne reflète pas nécessairement nos sentiments pour vous, mais rien de plus que les différentes façons dont les hommes et les femmes expriment de l'affection.

• *Pourquoi les hommes ne lisent pas les instructions*

Je suis comme la plupart des gars en ce qui concerne les manuels d'instructions. J'essaie de me débrouiller par moi-même, et je ne consulte les instructions qu'en dernier recours.

Ça commence dans l'enfance. Les garçons apprennent habituellement en expérimentant et en manipulant les choses du monde physique. Cela fait partie de l'approche introspective, individualiste, de résolution de problème de l'esprit masculin, présentée plus tôt.

Ce fait importe dans les relations, parce que les hommes peuvent sembler ne pas se soucier des problèmes relationnels, alors qu'en fait, bien des hommes consacrent beaucoup de temps à réfléchir à leurs relations. Si vous suivez un groupe d'hommes sur un terrain de golf, vous entendrez ces préoccupations – un peu éparpillées, bien sûr, entre les conversations à propos des affaires, des voitures et des bons scotchs.

Toutefois, nous n'abordons pas nécessairement nos problèmes relationnels en allant à la librairie acheter un manuel d'instructions sur les relations. Nous avons tendance à aborder les problèmes relationnels comme tout autre problème: nous expérimentons pour découvrir ce qui fonctionne. C'est pourquoi beaucoup d'hommes tombent dans un modèle de silence ou de retrait. Le retrait réduit les conflits. Il rétablit l'ordre. Il fonctionne.

Naturellement, il ne fonctionne *pas bien*. Le retrait est un remède temporaire et les hommes le savent. La plupart des hommes, si on leur en donne la chance, opteront pour des solutions à long terme aux problèmes relationnels, et c'est pourquoi je suggère une approche de résolution de problème qui incorpore les compétences des hommes: identifier les problèmes systémiques et les éradiquer.

Les hommes sont épatants pour réparer des trous dans la toiture, des virus de logiciels et des bruits dans les moteurs. Pourquoi ne pas utiliser ces habiletés pour améliorer les relations aussi?

• *Et s'il ne suit pas votre exemple?*

Beaucoup d'hommes m'ont dit se sentir en désavantage verbal avec la femme de leur vie. Ils déplorent le fait de ne pas être aussi vifs d'esprit durant des disputes, ou que leur partenaire se souvienne plus facilement de l'histoire de leur relation. Cependant, ces mêmes hommes ont souvent une bonne idée des modèles de leurs relations. Avec un peu de chance et une stratégie conviviale pour les hommes, la plupart d'entre eux sont disposés à travailler fort pour améliorer leurs relations.

Mais il est possible que la méthode 1-2-3 échoue, ou que votre partenaire l'utilise pour éviter de faire face aux problèmes de la relation, par exemple, en ne revenant jamais à la conversation après une pause déjà planifiée.

Soyez également consciente qu'essayer de changer les modèles peut révéler d'autres problèmes ou créer de nouvelles difficultés, du moins à court terme. Vous pourriez dévoiler des ressentiments que l'un de vous a gardés cachés, ou découvrir que vos problèmes sont tellement enracinés qu'il est difficile d'arranger les choses de façon plus constructive. Vous pourriez aussi découvrir que votre partenaire n'est pas aussi investi que vous dans l'amélioration de la relation.

Personnellement, je préfère que les problèmes soient ouverts au grand jour afin de trouver une nouvelle façon de les approcher, même si un de ces problèmes semble décourageant. Mais tous ne le voient pas comme ça. Et chaque petit problème n'a pas nécessairement à être mis au jour. Ce sont des choses à considérer avant d'approcher votre partenaire d'une façon qui pourrait exposer ses vrais sentiments. Il y a peut-être beaucoup plus sous la surface que ce que l'un de vous réalise.

Avant de vous lancer tous deux dans des efforts pour changer vos modèles, je vous recommande d'avoir une franche discussion sur la possibilité d'effets secondaires désagréables. Cela dit, j'ai rarement vu un changement de modèle tourner au vinaigre. Même si cette démarche peut être douloureuse ou difficile au début, elle changera probablement la relation pour le mieux.

POUR L'HOMME DE VOTRE VIE
SOYEZ IMPECCABLE

Ce chapitre portait sur les modèles qui apparaissent à répétition dans les relations. En voici un exemple: votre partenaire veut que vous l'accompagniez pour dîner à l'extérieur avec des amis, et vous lui dites que vous devez travailler tard. Elle dit: «Tu ne veux jamais passer du temps avec moi.» Et la même dispute que vous avez eue des centaines de fois est lancée.

Dans ce chapitre, j'ai défié votre partenaire de briser ce type de modèle répétitif. Je lui ai demandé de faire la chose qu'elle veut le moins faire quand cette vieille dispute commence: prendre en compte vos besoins au moment même où elle croit que vous ignorez les siens. (C'est une lourde tâche pour qui que ce soit.) Je l'ai aussi mise au défi de se fier un peu plus à vos talents et d'avoir confiance que vous serez à la hauteur si elle a foi en vous.

Maintenant je veux vous défier de l'aider. Ce chapitre voulait approcher les problèmes relationnels d'une façon plus conviviale pour les hommes: utiliser moins de mots et plus d'action.

Vous savez quoi? Pourquoi ne lisez-vous pas le chapitre? Je vais vous attendre ici.

C'est fait? Merveilleux.

Si la femme de votre vie est disposée à essayer une approche différente, qui la place dans un endroit vulnérable, c'est à vous d'assurer sa sécurité. La pire chose que vous pourriez lui faire, ainsi qu'à vous-même, est de la laisser prendre ce risque en lui promettant de la soutenir, puis de la laisser tomber en ne tenant pas parole.

Si vous décidez tous les deux de faire ce que j'ai suggéré dans ce chapitre, elle peut vous demander de faire les choses différemment, par exemple d'aller chacun dans son coin pour une heure quand une dispute s'amorce, puis revenir disposés à discuter ce que vous pensiez et ressentiez. Elle pourrait même vous demander de vous servir de votre cerveau masculin perspicace pour identifier les problèmes systémiques qui font en sorte que le moteur de la relation claque.

N'acceptez pas ces tâches à moins d'être prêt à tenir parole ou à mourir en essayant. Ne l'obligez pas à se méfier de vous alors qu'elle essaie d'améliorer votre vie ensemble.

Rendez-vous service et que vos paroles et vos gestes soient impeccables. Je crois que la clé de l'impeccabilité est de maîtriser les petites choses avant qu'elles ne deviennent de grandes choses. Si vous dites que vous allez construire une étagère, alors faites-le. Si vous dites que vous allez prendre une pause d'une dispute et revenir dans une heure, faites-le. Certaines des femmes les plus heureuses et les plus détendues sont celles qui savent par expérience que leur partenaire est un homme qui tient parole, même pour les petites choses.

Chapitre 8

En coulisse

Les hommes ont tendance à laisser les femmes se demander ce qui se passe vraiment derrière les réactions émotionnelles secondaires – les réactions qui se manifestent à l'extérieur pour masquer ce qui se passe à l'intérieur. Imaginez un homme qui se fâche en essayant de réparer sa voiture. À l'intérieur, il peut sentir une déception face à lui-même ou une frustration parce que la tâche désorganise sa journée. Il peut cacher ces pensées et ces sentiments derrière une colère dirigée vers l'extérieur: *Quel ingénieur taré a caché le compartiment de la batterie derrière la custode? Aussi bien l'enfouir sous une dalle de béton!* Nous, les hommes, masquons nos pensées et sentiments intimes derrière une généreuse couche de virilité. *Sans blague,* pourriez-vous dire.

Parce que nous, les hommes, avons tant pratiqué à cacher nos émotions, il est tentant de croire que nous les vivons à un degré moindre que les femmes. Ou peut-être est-il plus exact de dire que les femmes ont la réputation injuste d'être trop émotionnelles. La vérité est que les émotions des hommes sont semblables, bien que nous les exprimions différemment. Les femmes ne sont pas trop émotionnelles (comment définiriez-vous cela de toute façon?), pas plus que les hommes ne sont insensibles.

Cependant, il y a des distinctions subtiles dans la façon dont les hommes et les femmes vivent les émotions. Par exemple, les hommes et les femmes vivent une émotion comme la honte plutôt différemment, mais les différences sont plus minimes qu'on pourrait le croire (Else-Quest et *al.*, 2012). Et même si ces expériences émotionnelles sont légèrement différentes pour les hommes et les femmes, l'intensité est similaire.

Je sais que des données probantes non fiables suggèrent que les hommes éprouvent à un degré moindre que les femmes les émotions primaires comme la tristesse, la joie ou la peur. Le fait que nous cachions cela ne veut pas dire que nous ne les vivons pas. Nous, les hommes, sommes moins expressifs en partie parce que nous sommes socialisés pour être stoïques (Kring et Gordon, 1998). Notre formation en stoïcisme fait aussi que nous sommes bien entraînés aux réactions secondaires.

Dans ce contexte, regardons l'histoire de Gina et Brett. Ils sont pris dans un modèle relationnel fréquent et destructeur. Mais plutôt que de mettre l'accent sur le modèle de la relation, comme nous l'avons fait, examinons ce qui se passe en coulisse pour Brett.

• Gina et Brett

Gina et Brett se sont rencontrés lorsqu'ils étaient frais émoulus de l'université et qu'ils occupaient leur premier emploi dans une firme comptable. Brett a d'abord exprimé son intérêt amoureux en apportant un café à Gina, un matin. Il avait remarqué son habitude inusitée de mettre du miel dans son café, et elle était impressionnée qu'il ait trouvé la juste dose à la première tentative, ce qui a fait que Brett se sentait merveilleusement bien.

Quand ils ont commencé à se fréquenter, Brett se réjouissait de rendre de petits services à Gina pour lui faciliter son travail et sa vie. Ces petits services lui donnaient un sentiment de bien-être. L'éducation de Brett lui avait laissé un sentiment d'insécurité quant à sa valeur, et il avait découvert que servir les autres était une façon pratique de se rassurer sur sa valeur comme personne. Il n'était pas tout à fait conscient qu'il compensait sa faible estime de soi, mais il savait qu'être utile soulageait un peu d'anxiété en quelque sorte.

⇨

Il aimait aussi la réaction de Gina à ses services. Elle était gentille et appréciait grandement ses efforts. Elle aimait lui cacher des mots de remerciements sur son bureau et lui envoyer des messages textes romantiques, parfois érotiques. L'éducation de Gina lui faisait douter de sa valeur, elle aussi, alors que l'attention soutenue de Brett comblait son besoin d'être rassurée tout autant qu'elle répondait à son désir d'être valorisée. Gina retournait l'ascenseur en rendant service à Brett parfois, mais tôt dans la relation, un modèle s'est développé dans lequel il était plus à l'écoute de ses besoins qu'elle l'était aux siens.

Brett et Gina se sont mariés et ont eu un enfant. À ce moment-là, leur modèle avait pris une tout autre saveur. Adieu les cafés au miel et les textos érotiques. La relation évoluant, les petits rituels qui avaient jadis tant compté ont été remplacés par les demandes de la vie. Ils n'avaient simplement pas le temps pour leurs anciens gestes romantiques ou n'arrivaient pas à prendre le temps. Quoi qu'il en soit, ils se sont trouvés dans des conflits répétés qui étaient les contreparties ironiques des modèles du début de leur relation.

Les réactions contradictoires de Brett étaient ce qui prêtait le plus à confusion pour Gina. Par exemple, une fois où elle lui a demandé le petit service de mettre de l'essence dans sa voiture, il s'est montré visiblement frustré. Il a expliqué plus tard que sa réaction était le résultat de la fatigue et d'une dure journée au bureau, mais elle sentait qu'il y avait autre chose derrière sa frustration.

En une autre occasion, elle a suggéré qu'ils ne se fassent pas de cadeau de Noël l'un à l'autre pour épargner de l'argent. Il a d'abord accepté et semblait content de la décision, mais en quelques jours, il est devenu boudeur et replié sur lui. « Pourquoi se donner la peine de fêter Noël alors ! » a-t-il marmonné, sarcastique, quand le sujet a refait surface.

⇨

Ces signaux contradictoires faisaient que Gina était confuse et isolée. Elle sentait une ambivalence dans le désir de Brett de lui faire plaisir qui n'était pas là avant. Elle s'est repliée et trouvait difficile de faire confiance à ses motifs dans les occasions de plus en plus rares où il se donnait la peine de lui faire plaisir comme il le faisait auparavant.

Brett sentait une certaine ambivalence pour ce qui était de tenter de faire plaisir à Gina, mais ce n'était pas parce que son amour pour elle s'estompait. Il croyait que, quelque part en cours de route, Gina avait commencé à le tenir pour acquis. Il ne savait pas comment ou quand, mais il lui semblait qu'elle croyait avoir droit à son attention plutôt que de l'apprécier.

Comme c'est souvent le cas, les perceptions de Brett avaient probablement plus à voir avec lui-même qu'avec Gina. Son besoin qu'on ait besoin de lui l'a prédisposé à se sentir mal apprécié. Gina s'était accoutumée à ses petits soins, mais elle trouvait difficile de maintenir le niveau précédent de ses exclamations d'appréciation, après la phase de la lune de miel. Alors Brett s'est mis à la priver de ses services en réaction à ce qu'il voyait comme un manque d'appréciation. Quand il a commencé à lui retirer son attention, Gina s'est mise à en demander davantage. Et comme vous l'avez vu, ces modèles peuvent avoir une vie par eux-mêmes.

Finalement, ils sont tombés dans une espèce de lutte de pouvoir dans laquelle Gina pressait Brett d'être le partenaire attentionné qu'il était et il esquivait ses demandes. Ils voulaient tous deux se sentir aimés et appréciés comme avant, mais la réaction de Brett augmentait la confusion que ressentait Gina. Quand elle lui demandait de faire une course ou de l'aider à une tâche, il pouvait répondre de toutes sortes de façons. Il pouvait s'exécuter volontiers, ou devenir visiblement frustré, ou encore ignorer passivement sa demande, comme la fois où elle lui a demandé d'assister à une activité à son travail et que, à la place, il a organisé une partie de poker avec ses amis sans même répondre à son invitation.

⇨

> *Et comme les insécurités de Brett le prédisposaient à se sentir mal apprécié, celles de Gina la prédisposaient à ne pas se sentir aimée. La frustration l'envahissait parfois, et elle s'est mise à être, dans les mots de Brett, «exigeante et difficile» alors qu'elle essayait de disséquer les réactions de son époux.*
>
> *Ces moments où elle était «difficile» survenaient quand la confusion s'emparait de Gina et qu'elle traquait Brett dans des discussions sur la relation qui, aux yeux de cet homme, semblaient être d'exténuants interrogatoires en règle. Elle voulait savoir pourquoi il n'aimait plus faire des choses pour elle et pourquoi son comportement passait du chaud au froid avec elle. Elle s'est mise à remettre en question les menus détails de son comportement en vue de concilier les contradictions.*
>
> *Ces conversations se terminaient avec Brett qui s'en allait, se sentant battu. Privément, il était aussi frustré que Gina d'être incapable d'expliquer son comportement. Dans leurs moments plus tendres, il insistait qu'il l'aimait encore. Mais plus elle essayait d'exprimer ses besoins, de le comprendre et de connecter avec lui, plus il réagissait de manières qui n'avaient aucun sens pour les deux.*

LA MÉTAPHORE DE LA SCÈNE

La plupart des hommes bien vivent une sorte de double vie, parce que cacher leurs sentiments les aide à réussir dans la vie. Cela commence peut-être dans l'enfance, quand nous apprenons à ne pas pleurer devant les autres. Peut-être que notre prédisposition à être en groupe nous apprend à protéger notre réputation en n'accablant pas les autres avec nos émotions. Peut-être que nous aimons simplement avoir l'air dur pour nous protéger. Peut-être est-ce une combinaison de toutes ces choses avec l'histoire unique de chaque homme.

Quoi qu'il en soit, la plupart des hommes apprennent tôt dans la vie à se compartimenter. Comme si nous étions des acteurs sur une scène. Nous montrons au monde – l'auditoire qui nous scrute – une version bien préparée de nous-mêmes. Nous visons à être aussi efficaces et prospères que possible, même si ce n'est parfois qu'un jeu.

En coulisse, c'est une autre histoire. Derrière la présentation maîtrisée, nos esprits peuvent bouillonner d'activité. Nous gardons nos vraies machinations émotionnelles – notre tristesse, nos déceptions et nos vulnérabilités – cachées à la vue. Sur scène, à la vue du monde, nous plaçons nos réactions émotionnelles secondaires – la colère, le repli, l'humour ou le stoïcisme que nous pouvons présenter en toute sécurité. Comme dans une pièce de théâtre bien montée, le but est de nous assurer que le public ne voie jamais l'orchestration derrière la production.

Parfois, nous excellons tellement à cacher ce qui se passe en coulisse que nous nous perdons de vue. C'est ce qui s'est produit en grande partie pour Gina et Brett. Parce que Brett n'était que partiellement conscient de son besoin qu'on ait besoin de lui, il ne comprenait pas tout à fait la nature de ses propres réactions secondaires. Ni lui ni Gina ne reconnaissaient que ses réactions émotionnelles secondaires – que ce soit la grogne, le retrait, la complaisance réjouie ou la colère – servaient toutes le même but, malgré leur apparente différence.

En coulisse, Brett était en lutte avec le sens de sa valeur. Il en était venu à dépendre de Gina pour le lui procurer. Lorsque de subtils changements se sont installés dans leur relation, sa confiance était ébranlée et sa performance sur scène est devenue irrégulière.

• *Perdre de vue le point central*

La relation de Gina et Brett s'est envenimée lorsqu'ils ont commencé à examiner cette performance irrégulière sur scène. Tous deux mettaient l'accent sur les réactions émotionnelles secondaires de Brett – ce qui se passait sur scène au lieu de ce qui se passait en coulisse. Et parce que Brett avait du mal à comprendre ses réactions émotionnelles secondaires imprévisibles, se concentrer sur celles-ci le faisait se sentir encore plus inefficace.

Malheureusement, nous, les hommes, sommes si déterminés à faire bonne figure que nous rendons difficile aux femmes (et même à nous-mêmes) de mettre l'accent sur autre chose que nos réactions émotionnelles secondaires. C'est une recette pour de sérieux malentendus.

Au chapitre 7, j'ai discuté de l'un des sentiments défaitistes les plus fréquents qu'éprouvent les femmes à l'égard des relations. *S'il m'aimait, il n'agirait pas ainsi.* Dans le cas de Brett, son comportement irrégulier semblait assurément être le produit d'un amour s'étiolant, mais l'amour n'était pas la question. Même s'il aimait encore Gina et qu'il souhaitait que les choses redeviennent comme avant, ses réactions émotionnelles secondaires étaient tellement pénibles que Gina avait de la difficulté à passer outre. Malgré ses intentions, son comportement semblait fait sur mesure pour déclencher la peur de Gina d'être abandonnée.

• *Comment aider*

Personne ne peut obliger quelqu'un d'autre à développer son introspection. Étant donné la nature ascendante de leur conflit, Gina n'était certainement pas en position de l'imposer à Brett, et ce n'était pas non plus sa responsabilité. Toutefois, à titre de partenaire aimante, elle était en position d'éviter d'être entraînée dans le drame sur scène. Comme moitié du partenariat, elle pouvait instaurer un climat où il serait tolérable pour Brett de laisser tomber son numéro chorégraphié et d'exposer ce qui se passait en coulisse.

Sous peu, je vous offrirai huit trucs sur la façon de faire, qui sont, en quelque sorte, votre laissez-passer en coulisse. Il n'y a pas de garantie que votre partenaire vous laissera voir ce qui se passe en coulisse, mais un homme bien sera généralement à la hauteur de la situation, si vous adoptez un ton qui lui permette de le faire. Mais avant d'y arriver, je veux vous partager certaines des choses les plus fréquentes que font les femmes involontairement et qui ont pour effet de garder cachés les sentiments véritables de leur partenaire, et qui laissent les réactions secondaires éroder la santé de leur relation.

CINQ FAÇONS DE GARDER SES SENTIMENTS CACHÉS

Quand Gina a demandé à Brett d'expliquer ses actions, elle ne tentait pas de le punir et n'essayait pas d'aggraver le problème. Au contraire, elle essayait de ranimer la flamme de l'amour qu'ils ont déjà eu l'un pour l'autre. Mais, comme vous le savez, la loi de redoubler d'efforts ne s'applique pas exclusivement aux hommes. Les femmes peuvent tout aussi facilement être piégées dans des stratégies qui aggravent le problème.

Voici les stratégies inefficaces de résolution de problème qui tendent à emprisonner les hommes dans des modèles improductifs:

- Retourner dans le temps.
- Ne pas lui pardonner.
- Le punir de parler.
- Vous attendre à ce qu'il lise dans vos pensées.
- Éviter les solutions.

Cela peut avoir l'air d'une liste d'erreurs. Par ailleurs, vous pouvez les voir comme des stratégies de résolution de problème qui fonctionnent mal, ce que je trouve personnellement plus exact et utile.

• *Retourner dans le temps*

J'ai déjà dit que les hommes tendent à mettre davantage l'accent sur le problème présent de la relation plutôt que sur ceux du passé ou de l'avenir. L'une des frustrations les plus fréquentes que m'expriment les hommes est que les femmes tendent à retourner dans le temps durant les disputes, utilisant une querelle actuelle comme tremplin pour revenir sur des erreurs passées ou s'inquiéter de l'avenir.

Je crois qu'il y a une façon plus équilibrée de voir cela. Les femmes (ou les hommes, d'ailleurs) qui retournent dans le passé durant une dispute essaient souvent d'identifier et d'éliminer des modèles problématiques. De même, se tourner vers l'avenir (par exemple, en disant quelque chose du genre «Comment parviendras-tu un jour à cesser de passer autant de temps avec tes amis quand nous aurons des enfants?») peut être une tentative de prévenir que les problèmes actuels ne se répètent.

Mais ce n'est pas ainsi que les hommes le ressentent. Dans l'esprit d'un homme, ressusciter les erreurs du passé lui dit que vous ne lui avez pas pardonné, et que vous ne le ferez probablement jamais, et se disputer au sujet de l'avenir lui dit que vous ne lui faites pas confiance pour résoudre les problèmes ou améliorer les situations. Ces deux messages sont des moyens éprouvés de fermer la communication. Comme l'a dit un homme: «Nous avons tendance à nous fermer lorsque nos petites amies ou nos femmes veulent avoir une conversation sérieuse. C'est parce que l'expérience nous a enseigné que la conversation peut facilement déraper et devenir hors de contrôle. Nous finissons par être punis pour tout ce que nous avons déjà fait.»

COMMENT PENSENT LES HOMMES

«Quand nous, les hommes, nous disputons, nous débattons du conflit en cours. Les femmes semblent se disputer sur les différends en cours, en plus de ceux du passé.»

Il est parfois utile d'évoquer des événements passés ou des préoccupations futures. Ils peuvent être entièrement pertinents pour la discussion actuelle. Mais avant de le faire durant un désaccord avec votre partenaire, songez à vous demander s'il est nécessaire ou utile de ramener le passé ou le futur à ce moment-là. Puis, si vous choisissez de le faire, prenez le temps d'aider votre partenaire à comprendre pourquoi le passé ou l'avenir est important pour vous. S'il comprend le pourquoi, il sera moins enclin à se sentir coincé ou nul.

• *Ne pas lui pardonner*

Le retour dans le temps peut donner à votre partenaire l'impression que vous ne lui avez pas pardonné. Mais parfois, l'absence de pardon est plus qu'une impression. Dans mon travail clinique auprès des couples, les femmes tendent à être plus portées à ressusciter les transgressions passées quand des sentiments de blessure ou de vulnérabilité surgissent. Les hommes aussi ont parfois de la difficulté à lâcher prise sur le passé mais, par nature, ils semblent plus disposés à pardonner et oublier. Comme j'en discuterai au chapitre 10, une approche différente du pardon fait partie de la circuiterie sociale des hommes.

La plupart des femmes que j'ai rencontrées et qui avaient de la difficulté à pardonner s'inquiètent de leur sécurité émotionnelle. Elles craignent que, si elles baissent la garde ou qu'elles cessent de rappeler à leur partenaire le mal qu'il a fait, il répétera ses erreurs dommageables. Et parfois, ces craintes sont bien fondées.

Si les transgressions ou le caractère de votre partenaire sont tels qu'il ne mérite pas le pardon – autrement dit, s'il est risqué de lui pardonner et de vous ouvrir à d'autres blessures – la relation a besoin d'une sérieuse réparation ou il est peut-être mieux d'y mettre fin. Mais il est souvent préférable de laisser les petites transgressions dans le passé, une fois la chose réglée.

Comme j'en ai parlé plus tôt et comme je l'approfondirai au chapitre 9, l'une des choses les plus destructrices pour une relation est lorsque l'homme décide qu'il ne peut pas gagner. Peu de choses découragent un homme plus rapidement que l'absence de pardon. Examinez les sentiments de ces deux hommes:

– «Qu'est-ce qui pourrait me faire perdre le respect pour une femme? Des représailles pour mes erreurs passées.»
– «Les femmes qui ne me pardonnent pas mes erreurs mineures idiotes sont rayées de ma liste. J'ai vu trop de

mes amis être entraînés sur cette voie vers une vie de misère.»

Ces mots provocants ne rendent pas réellement la souffrance que connaissent les hommes quand ils croient qu'ils sont impuissants à faire le bonheur de la femme de leur vie. En fait, ces deux citations semblent des exemples merveilleux de réactions émotionnelles secondaires: un retrait orgueilleux qui sert à masquer la peur et la vulnérabilité.

Un autre résultat malheureux, sans doute pire que lorsqu'un homme quitte une relation apparemment sans espoir, est quand un homme reste et en vient à détester sa partenaire pour son refus de pardonner. Un homme dans cette situation fera tout en son pouvoir – du silence total à l'abus de substances – pour protéger et cacher ses émotions.

• *Le punir de parler*

Sans aucun doute, l'une des plaintes les plus répandues au sujet des hommes est leur manque de communication. Mon sondage était truffé de commentaires semblables à celui-ci de la part des femmes: «J'aimerais comprendre pourquoi il se replie et se referme si je suis contrariée. C'est là que j'ai le plus besoin de lui. Mais il se cache, comme s'il fuyait un ouragan. Je me sens si seule et si peu aimée.»

Nombre de femmes ont exprimé une sorte de désespoir de connecter avec l'homme de leur vie, comme le révèle cet énoncé: «Il n'y a rien de plus frustrant et de plus douloureux que d'éprouver le besoin de communiquer avec mon partenaire au sujet d'un problème (n'importe quel problème, pas seulement au sujet de la relation) et, pourtant, de ne pas me sentir bienvenue de l'approcher.»

Cette frustration peut être ce qui mène bien des femmes à faire l'erreur fréquente de punir leur partenaire quand il s'ouvre enfin. Je crois que la punition est rarement l'intention, mais certains types de réactions peuvent faire en sorte qu'un homme regrette d'avoir partagé ses sentiments:

– «Pourquoi ne m'as-tu pas dit ça plus tôt?»
– «Tu ne devrais pas te sentir comme cela.»
– «Comment peux-tu penser ça?»
– «Ça me blesse que tu n'aies pas cru pouvoir me dire cela avant.»
– «Tu as pensé quoi? Ne sois pas ridicule.»

De telles paroles sont souvent dites dans l'intention de calmer l'anxiété d'un partenaire ou de favoriser plus de communication, mais elles peuvent faire en sorte qu'un homme croit avoir fait une erreur en parlant. S'il croit déjà que la communication est risquée, il n'en faudra pas beaucoup pour qu'il se sente critiqué.

Alors, même si vous n'aimez pas ce que dit votre partenaire, une réponse avisée reconnaît habituellement ses pensées et ses sentiments sans critiquer comment et quand il a parlé. Parfois, simplement dire: *Merci de me dire cela*, ou prendre votre partenaire dans vos bras lui fera savoir que s'ouvrir à vous est sans danger.

• *Vous attendre à ce qu'il lise dans vos pensées*

J'ai discuté plus tôt des styles sociaux différents des hommes et des femmes. Les femmes ont tendance à préférer les liens intimes, en tête à tête, alors que les hommes sont plus à l'aise dans des grands groupes avec des liens moins serrés. Je crois que cette différence est à blâmer, en partie du moins, pour l'une des plaintes les plus fréquentes venant des hommes. Voici ce qu'en a dit un homme: «C'est frustrant que nous soyons censés savoir exactement ce que pensent et ressentent les femmes, que nous soyons censés lire dans leurs pensées.»

Cet homme fait sans aucun doute allusion à des sentiments comme *Si tu t'en souciais, tu saurais comment je me sens* ou *Tu devrais savoir pourquoi je suis fâchée.*

Habituellement, les femmes sont plus à l'aise dans des relations où les liens sont intimes. Ce type de liens rend inévitablement la personne plus habile à prévoir les états et les besoins émotionnels de ses amis et de ses proches.

Il est généralement logique de supposer que les autres personnes fonctionnent de la même façon que vous. Si vous fonctionnez en prévoyant les besoins des autres, il est raisonnable de supposer que ces derniers en font autant. Par conséquent, vous pourriez présumer qu'il y a un problème s'ils ne prévoient pas vos besoins.

Mais les hommes, qui sont plus à l'aise dans des relations plus nombreuses et moins étroites, peuvent parler un autre langage que celui des femmes de leur vie. Par conséquent, ne pas prévoir les besoins et les états émotionnels peut simplement être le produit d'aptitudes sociales différentes qui sont assorties de compétences différentes.

Une amie m'a offert cet exemple: «J'avais une brassée de lessive dans la sécheuse, et mon mari l'a laissée sur le plancher quand il a fait une brassée après la mienne. Si j'haïssais quelqu'un, c'est le genre de chose que je lui ferais. Comme il croyait que ce n'était que des couvertures pour chien (ce ne l'était pas), il a dit que ce n'était pas grave de les laisser par terre.» Au début, elle était fâchée de ce qui lui semblait être un manque de considération. Mais lorsqu'ils en ont discuté, ils ont réalisé qu'ils avaient simplement des présomptions différentes, et divers niveaux de subtilité dans leur communication. Pour elle, laisser la lessive sur le plancher équivalait à une insulte. Pour lui, ce n'était que des couvertures pour chien, rien de plus.

Résultat net? Exprimer sa déception devant les efforts d'un homme, même s'ils sont quelque peu maladroits, c'est assurément le faire se sentir inefficace (à moins que vous ne tiriez la chose au clair, comme l'a fait mon amie). Il est généralement préférable d'encourager et d'aider votre partenaire à comprendre ce que vous préféreriez la prochaine fois.

• *Éviter les solutions*

Voici une autre généralisation utile: les femmes communiquent souvent pour se connecter, alors que les hommes communiquent généralement pour régler des problèmes. C'est une source de frictions répandue entre les sexes. Les femmes peuvent finir par se sentir invalidées lorsque leurs problèmes ne sont pas entendus, et les hommes peuvent être frustrés quand les problèmes ne sont pas résolus.

Voici ce que deux femmes avaient à dire à propos de la communication et de la résolution de problème:

- «Nous ne voulons pas que les hommes arrangent tout pour nous. Parfois, nous voulons seulement une réponse chaleureuse, un appui. Notre problème semble alors gérable quand nous savons que nous avons quelqu'un avec nous qui nous encourage.»
- «Souvent, nous, les femmes, voulons simplement nous plaindre, et nous nous sentons près d'une personne qui nous écoute sans nous juger. Cette personne établit une connexion avec nous.»

Et voici ce que disent deux hommes sur le même sujet:

- «Certaines femmes n'aiment pas régler les problèmes. S'en plaindre suffit souvent. Bien sûr, cela veut dire que le problème reviendra plus tard et que nous traverserons le même cycle encore.»
- «Pourquoi est-ce que le fait de se plaindre suffit à calmer les femmes? Je trouve ça frustrant quand je me plains et que je réalise ensuite que je n'ai rien fait pour régler le problème.»

Il semble que la différence soit irréconciliable entre les sexes, mais elle n'est pas tenue de l'être. Ces choses sont négociables. Tout comme une femme devrait se sentir libre de dire à un homme qu'elle veut sa compassion plutôt que ses solutions, un homme devrait se sentir libre d'affirmer que l'absence d'une solution est source d'anxiété ou de frustration pour lui.

Beaucoup d'hommes ne réalisent pas qu'il est correct de parler de la façon dont on se parle l'un à l'autre. Il y a même un mot pour cela: *métacommunication*. Une bonne métacommunication permet aux couples de faire place à différents styles.

Si, pour vous, vous défouler de vos problèmes est suffisant, et que la relation consiste principalement dans votre défoulement, vous empiétez peut-être sur votre partenaire s'il veut vous aider à résoudre vos problèmes. En fait, l'une des raisons pour lesquelles les hommes hésitent à écouter les femmes se plaindre est qu'ils craignent que la discussion se poursuive indéfiniment, que le problème ne soit jamais résolu et qu'ils soient condamnés à une vie d'écoute stérile. Ils craignent de ne jamais connaître la satisfaction d'aider la personne la plus importante dans leur vie.

HUIT ÉTAPES POUR OBTENIR VOTRE LAISSEZ-PASSER D'ARRIÈRE-SCÈNE

Maintenant que nous avons examiné le genre de tactiques qui peuvent garder les émotions d'un homme cachées en coulisse, voyons des stratégies plus productives. Vous ne pouvez pas obliger un homme à s'exprimer, mais vous pouvez créer un environnement favorable.

Pour qu'un homme bien vous montre ce qui se passe en coulisse, il faut qu'il ait confiance en vous. La plupart des hommes sont assez frileux quand il s'agit d'exposer leurs rouages internes. La confiance ne peut être exigée ou ordonnée. Tout comme garnir un compte d'épargne, gagner la confiance prend du temps. Les conseils suivants vous aideront à créer un environnement dans lequel votre partenaire se sent suffisamment en sécurité pour exposer ses sentiments et se confier à vous:

- Laissez-le vous faire plaisir.
- Faites-lui des faveurs.
- Adoptez la simplicité.
- Exprimez vos besoins spécifiquement.
- Considérez ses actions autant que ses paroles.

- Amusez-vous.
- Comprenez son silence.
- Privilégiez l'intimité.

• *Laissez-le vous faire plaisir*

Si votre partenaire veut vous rendre heureuse, résistez à l'envie de protester contre ses compliments ou de refuser ses cadeaux. Peu importe que vous commenciez à vous fréquenter ou que vous soyez mariés depuis 25 ans, remerciez-le quand il essaie de vous faire plaisir, et faites-lui une fleur de temps à autre en acceptant ses conseils quand ils sont judicieux. Un homme bien veut être ce qu'il y a de plus important au monde pour la femme de sa vie. Vous avez le pouvoir de lui faire ce cadeau, du moins, parfois.

• *Faites-lui des faveurs*

Parce que les hommes sont axés vers de larges groupes sociaux, nous avons l'habitude d'utiliser une monnaie sociale. Nous comptabilisons les échanges de faveurs intangibles, les actes de bonté, les affronts personnels et les dettes.

Songez à la dernière fois où vous avez entendu quelqu'un dire *Je vais encaisser quelques faveurs*. Je parie que c'était un homme qui parlait. La monnaie sociale est le reflet du style social des hommes. Parce que nous nous préoccupons de notre statut au sein du groupe, nous gardons des livres de comptes en tête.

Même dans les relations intimes, nous assurons le suivi des faveurs que nous accordons. Si nous croyons que notre partenaire ne les remarque pas, c'est comme découvrir que nos dépôts n'ont jamais trouvé le chemin de notre compte bancaire et que le solde est zéro.

Vous pouvez vous servir du style social à votre avantage. Faites des faveurs sous quelque forme que votre partenaire apprécie. Une simple attention suffit pour la plupart des gars. Si vous choisissez de retourner les faveurs d'une façon qui lui importe, je suis persuadé qu'il ne protestera pas.

Ne vous inquiétez pas d'avoir à tenir le même type de livre de comptes que celui des hommes. Un homme bien n'essaiera pas habituellement «d'encaisser des faveurs» auprès de la femme qu'il aime. Il n'applique pas à sa partenaire le même mode de pensée de compensation qu'il réserve aux hommes. Il veut simplement savoir que vous êtes consciente de tout ce qu'il fait pour vous.

• *Adoptez la simplicité*

La complexité et l'ouverture des émotions des femmes sont l'une des choses qui attirent les hommes vers elles. En fait, cette admiration était l'un des thèmes les plus communs de mon sondage. Mais exprimer des émotions peut être épuisant pour les hommes. Même si nos émotions sont aussi profondes que les vôtres, nous avons l'habitude de les étouffer et de les garder secrètes. Et nous préférons souvent mettre l'accent sur l'extérieur plutôt que l'intérieur. Il s'ensuit que, lorsque nous exprimons une pensée ou un sentiment, il est souvent réduit à l'essentiel, ce qui fait que les femmes cherchent souvent plus de détails ou un sens plus profond, causant possiblement de la frustration chez l'homme. Voici ce que certains hommes avaient à dire à ce propos dans mon sondage:

– «J'aimerais que les femmes comprennent que les hommes sont essentiellement des êtres simples. Nous disons ce que nous pensons. Il n'y a pas de raison de rendre les choses plus compliquées que nécessaire.»

– «Quand tu me demandes à quoi je pense et que je réponds *à rien*, je ne pensais pas réellement à rien. Je ne pense pas vraiment à toi quand je suis occupé au travail ou au loin, mais ça ne veut pas dire que je ne t'aime pas. Mon cerveau fait seulement une chose à la fois. (J'aimerais voir une transcription des pensées d'une femme pendant une heure. Je parie que ce serait comme un ouragan.)»

– «Vous auriez peine à trouver un homme qui n'est pas satisfait avec les choses de base, comme un chien. Tout ce que nous voulons, c'est quelque chose à manger, un endroit où nous reposer, quelqu'un qui nous aime et quelqu'un pour nous caresser à la fin de la journée et nous dire qu'elle fut bonne, et qu'on veut bien encore de nous pour le lendemain.»

Il peut être tentant de chercher un sens plus profond derrière les paroles d'un homme, mais parfois il y a peu à découvrir. Si vous nous prenez au mot lorsque nous vous disons comment nous nous sentons, nous sommes plus susceptibles de vous faire confiance quand il faut discuter en coulisse d'affaires plus complexes.

• *Exprimez vos besoins spécifiquement*

Nous, les hommes, fonctionnons mieux quand nous savons exactement ce que vous voulez de nous. Ne le prenez pas mal si nous n'allons pas au-devant de vos besoins précisément. Voici ce qu'en dit un homme: «Ma plus grande frustration vient du fait que les femmes ne communiquent pas spécifiquement ce qu'elles veulent ou ce dont elles ont besoin. Elles obligent involontairement les hommes à deviner ce qu'elles essaient de transmettre et, bien sûr, nous sommes dans le pétrin quand nous devinons de travers. Elles nous accusent de ne pas faire attention quand nous essayons de faire la bonne chose!»

Quand nous ratons la cible, accordez-nous des points pour avoir essayé et indiquez-nous le bon chemin. Nous serons ainsi plus efficaces la prochaine fois et cela évitera que nous nous sentions impuissants.

• *Considérez ses actions autant que ses paroles*

Les hommes emploient souvent davantage les gestes que les mots pour exprimer un sens. Comme l'a expliqué un homme: «Vu que les hommes se lient en faisant des choses ensemble, nous utilisons davantage la communication non verbale.»

Lorsque nous parlons aux femmes de notre vie, nous employons plus d'actions que de mots, et j'avoue que cela vous rend la tâche plus difficile. Une femme a expliqué comment elle a traduit les actions de son homme: «Je crois que j'ai finalement appris à surveiller les actions des hommes pour savoir comment ils se sentent réellement. Parfois je dois même me répéter ce que je crois que ses actions veulent dire. Il a fait X, ce qui, d'après moi, veut dire qu'il se sent Y.»

Écouter les actions d'un homme n'exige pas de décodeur, il ne faut que la bonne volonté de saisir le sens derrières les gestes. Les hommes veulent se faire entendre autant que les femmes, même s'ils communiquent parfois différemment.

Certes, il y a une certaine ironie dans tout cela. D'une part, nous vous demandons de ne pas voir trop de sens dans nos paroles (ou dans leur absence). D'autre part, nous nous attendons à ce que vous compreniez le sens derrière nos actions. Cependant, il y a une cohérence dans ce qui semble avoir deux poids, deux mesures: quand les mots ne nous viennent pas, observez notre comportement.

• *Amusez-vous*

Votre bonheur est l'une des premières choses que nous vérifions quand nous jugeons notre efficacité dans une relation. Si vous êtes heureuse, nous estimons que notre performance est adéquate. Voici ce qu'en disent quelques hommes:

- «Une femme qui rit de mes blagues me fait me sentir bien en dedans.»
- «Nos meilleurs moments surviennent quand nous jouons, nous blaguons ou quand nous parlons et connectons après une dure journée.»
- «Je connais une femme qui comprend. Elle m'a dit qu'après 30 ans de mariage, elle sait comment rendre son mari heureux: *De temps à autre, je lui fait cuire un steak et je l'amène au lit.* Oui, nous sommes vraiment simples à ce point.»

À moins que vous n'ayez l'intention de donner l'impression que notre performance est médiocre, amusez-vous avec nous.

Même si nous devenons plus sérieux à mesure que la relation évolue, nous voulons quand même profiter de nos moments avec vous.

• *Comprenez son silence*

Il est facile d'interpréter le silence comme étant une forme de punition ou de cruauté, et ça l'est parfois. Mais le silence peut avoir différentes significations. Voici quelques réflexions d'hommes sur leurs silences:

- «Être silencieux est une forme de réflexion, tout comme parler pour les femmes en est une.»
- «Quand je garde le silence, c'est parce que je ne veux plus être blessé. Je veux que la dispute cesse et je veux me protéger.»
- «Lorsque nous sommes silencieux, cela ne veut pas dire que nous sommes malheureux. Nous avons parfois besoin de nous ressaisir et de nous rétablir à notre façon. Essentiellement, le partage n'est pas toujours la meilleure façon de guérir pour nous.»

La question est de savoir ce que signifie le silence pour l'homme de votre vie. S'il utilise le silence pour résoudre des problèmes, comme bien des hommes le font, alors vous pourriez suivre le conseil de cet homme: «Donnez-moi de l'espace quand je suis en retrait. Je préfère réfléchir à quoi que ce soit qui me dérange que d'être impulsif et de regretter de ne pas y avoir suffisamment pensé.»

• *Privilégiez l'intimité*

Je sais ce que c'est. Vous êtes fatiguée. Vous ne vous sentez pas attirante. Peut-être que vous ne voulez pas d'intimité parce que votre partenaire n'agit pas comme vous le voulez dernièrement. Mais il y a une chose à propos de l'intimité ou de toute autre activité: quand votre corps s'engage dans cette voie, votre cœur et votre esprit suivent habituellement. C'est vrai pour les femmes autant que pour les hommes.

Il est tentant ici de mentionner toutes sortes de qualifications au sujet de l'intimité, mais je n'en citerai que quelques-unes. Je ne suggère pas qu'une femme devrait avoir des rapports sexuels avec un homme si elle ne le veut pas. Elle ne devrait pas non plus être intime avec lui en présence de problèmes physiques ou émotionnels, ou si l'homme ne s'engage pas. (S'il est équivoque, il n'est pas encore engagé.) Vous savez si vous l'aimez ou pas. On peut sans doute s'arrêter là.

Aider votre partenaire à communiquer

Cette discussion sur ce que vous pouvez faire pour votre partenaire peut vous laisser l'impression que je crois que sa communication est votre responsabilité. C'est faux. Il est celui qui doit décider s'il va vous laisser voir ce qui se passe en coulisse.

S'ouvrir est une tâche véritablement intimidante pour bien des hommes parce qu'on nous a bien appris à garder nos pensées et nos sentiments cachés, même à nous-mêmes. Exprimer des émotions peut nous faire croire que nous enfreignons les règles qui ont assuré notre sécurité.

Mais même s'il est difficile de nous exprimer, c'est notre responsabilité, pas la vôtre. Tout ce que je suggère est d'essayer de lui rendre la chose plus facile – et peut- être d'avoir du plaisir ce faisant. S'il choisit de demeurer intouchable émotionnellement, vous saurez au moins que vous avez fait de votre mieux pour favoriser un environnement accueillant.

Pour l'homme de votre vie
Comment prévenir que les disputes dérapent

Les gars, vous savez le sentiment que vous ressentez quand la femme de votre vie est fâchée contre vous? Cette anxiété qui tord les tripes? La tension qui vous gruge? Vous voulez seulement que ce sentiment disparaisse, n'est-ce pas? Eh bien, devinez quoi: elle aussi.

Malheureusement, bien des couples restent pris avec ces sentiments parce que leurs styles de résolution de problème sont différents, même si les deux partenaires désirent la paix. Par exemple, les hommes se retirent souvent d'une dispute et gardent le silence. Pourquoi? Parce qu'ils veulent que ce sentiment disparaisse. Bien des femmes, par ailleurs, talonneront leur partenaire et tenteront de le faire participer à la conversation. Pourquoi? Pour la même raison. Elles veulent que ce sentiment disparaisse.

Ce sont des stratégies incompatibles qui visent le même résultat: une relation paisible. Créer cette paix fait appel à un peu de mots et de communication. Le problème est qu'on a enseigné à la plupart des hommes à garder leurs sentiments cachés, alors il leur faut plus de temps pour rassembler leurs idées, et les femmes en sont frustrées.

Si c'est le cas pour vous, l'une des choses les plus utiles que vous puissiez faire est d'éduquer votre partenaire sur votre silence. Expliquez pourquoi vous cessez de parler. Dites-lui que ce n'est rien de personnel et que prendre du temps pour réfléchir aux problèmes vous aide à les résoudre. Si vous voulez que votre partenaire respecte votre style de résolution de problème, vous devrez faire la moitié du chemin en le lui expliquant et en faisant certains compromis.

Pour la plupart, nous, les hommes, voulons que notre partenaire soit heureuse. Selon l'expression d'une femme qui m'a fait part de ses pensées: «Le réconfort et quelques mots font plus que de rester silencieux en pensant que vous faites la bonne affaire.»

Chapitre 9

Le sable mouvant des relations

Les hommes sont bien entraînés à compartimenter leur vie et à dresser des murs entre le travail, le mariage, les activités sociales et ainsi de suite. Je crois aussi que les hommes ont une capacité unique de cloisonner un certain goût de dépression qui survient surtout dans leurs relations. Ils peuvent fonctionner bien dans leur vie professionnelle et sociale et être tout à fait déprimés à la maison.

Un symptôme commun de la dépression est l'activité réduite. Les personnes aux prises avec la dépression se limitent souvent à quelques endroits sûrs et n'aiment plus ce qui leur donnait du bonheur ou ne participent plus aux activités qui le favorisaient.

J'ai rencontré nombre d'hommes dont la vie à la maison est devenue gravement restreinte. Au travail et avec les copains, ce sont les mêmes gars. Mais avec leur partenaire, ils sont repliés sur soi, léthargiques, et ont l'allure d'un chien qui a été battu et qui essaie simplement d'éviter la prochaine agression. Ils ont abandonné tout espoir de profiter de leur relation ou d'apporter de la joie à leur partenaire.

Ces hommes ont cessé d'essayer. Ils se désengagent entièrement du conflit avec leur partenaire parce que, d'après leur expérience, ils ne peuvent pas gagner. Ils cessent d'essayer de lui faire plaisir parce qu'ils croient qu'ils ne réussiront jamais, et ils ne se comportent plus avec amour parce qu'ils ont perdu leur sentiment d'efficacité. Ils ont quitté la relation en esprit, sinon de corps.

La relation s'enlise dans du sable mouvant parce que, plus une femme essaie de rescaper la relation à l'aide d'approches de résolution de problème bien intentionnées qui font désormais partie d'un modèle destructeur, plus la relation s'enfonce. La lutte pour réparer la relation devient partie du problème, comme nous le verrons dans notre prochaine étude de cas.

Une remarque avant de poursuivre: même si votre relation est en santé, les conseils de ce chapitre renforcent ceux du chapitre 8 et peuvent vous aider à favoriser un environnement dans lequel votre partenaire est plus disposé à communiquer. Encore une fois, vous ne pouvez pas le faire parler, mais vous pouvez lui faciliter tellement la chose sans qu'il ne vous en coûte rien.

• Nancy et Éric

Nancy et Éric ont fait un mariage modeste, car c'était le deuxième pour chacun d'eux.

Le premier époux de Nancy était un comptable discret, songeur. Ils s'étaient éloignés l'un de l'autre après quelques années, et Nancy est devenue de plus en plus frustrée par l'apparente incapacité de son mari à dire ce qu'il pense. Elle croyait qu'il avait l'habitude de retenir ses désirs puis de jouer les martyrs meurtris.

La première épouse d'Éric était semblablement passive. Il était régulièrement frustré par l'incapacité de cette femme à exprimer ses souhaits. Finalement, elle a fait part de son insatisfaction irréparable quant à la relation et a demandé le divorce.

Quand Éric a rencontré Nancy, elle était comme une bouffée d'air frais. Elle était franche, expressive, et elle exprimait ses opinions de manière merveilleusement rafraîchissante pour Éric. Il n'aurait plus jamais à deviner les désirs de sa partenaire. Il avait confiance que cette relation ne se terminerait pas parce que sa partenaire refuserait de s'exprimer.

⇨

Éric avait été élevé pour être un gardien de la paix et un soignant. Ses parents lui ont enseigné à être attentif à ceux qui l'entourent, et il aimait ce rôle. Quand Nancy exprimait un désir, Éric était heureux d'y répondre.

Le temps a passé, et Nancy et Éric ont évolué vers des rôles de plus en plus polarisés dans leur relation. Ce n'est pas inhabituel, les gens deviennent souvent des versions plus prononcées d'eux-mêmes à mesure que grandit la relation.

La franchise de Nancy est devenue une tendance à être exigeante. Elle s'est mise à donner des directives à Éric comme si elle était son superviseur, et un microgestionnaire en plus. S'il n'exécutait pas une tâche à sa satisfaction, elle le critiquait ouvertement et parfois agressivement. Cependant, elle n'aimait pas ce rôle. Elle ne faisait que remplir le vide créé par l'hésitation d'Éric à exprimer ses désirs. Elle voulait un mari avec plus d'assurance, et elle appréciait en fait les rares occasions où Éric se tenait debout.

Comme Éric était de plus en plus anxieux à cause des remontrances de Nancy, elle a commencé à se sentir comme si, sans le vouloir, elle avait été mise en charge de la relation. Elle sentait des nuances de son ex-mari chez Éric, et souhaitait qu'il assume plus de pouvoir et de responsabilités dans la relation.

Entre-temps, Éric éprouvait du ressentiment. Elle n'est jamais contente, *se disait-il.* Comment me suis-je attaché à une telle harpie si acariâtre? *Son ressentiment s'est converti en résistance, et il s'est mis à éviter Nancy, à ignorer ses demandes et, ce qui ne lui ressemblait pas, à réaliser des demi-mesures. Si elle lui demandait de laver sa voiture, il y allait d'un rapide lavage en surface plutôt que d'effectuer le nettoyage minutieux dont il était fier.*

Nancy sentait Éric s'en aller et la relation s'étioler. En période de stress, les gens reprennent naturellement les stratégies qui ont fonctionné dans le passé.

⇨

Dans le cas de Nancy, cela voulait dire prendre en charge. Elle est devenue encore plus directive avec son époux, et sa propre incertitude à l'égard des sentiments d'Éric pour elle faisait qu'elle remarquait toute imperfection dans la performance ou le caractère de son mari. Elle est donc devenue encore plus exigeante.

Bien sûr, cela n'a fait que renforcer le modèle destructeur où ils s'étaient enlisés. Et la réaction d'Éric n'a pas aidé. L'autre côté de son admirable nature de gardien de la paix était la difficulté qu'il avait à exprimer ses besoins. Il tentait d'éviter les critiques de Nancy, mais sa passivité habituelle n'arrivait plus à la tenir à distance.

Voulant désespérément échapper à l'anxiété et aux ressentiments causés par les critiques croissantes de Nancy, il s'est réfugié dans l'alcool. Sachant que Nancy désapprouverait, il a bu en secret, cachant des bouteilles dans sa voiture et dans le garage.

L'alcool servait aussi à l'isoler de la pensée obsédante et misérable qu'il échouait de nouveau à un mariage. Il ne savait pas comment réparer son mariage, mais il ne voulait pas endurer un autre divorce. Il se sentait pris. Alors qu'il était le même bon vieux Éric grégaire au travail et avec ses amis, à la maison, il était l'ombre de l'homme qu'il était. Il avait capitulé.

Presque tous les soirs, Nancy trouvait Éric endormi devant la télé, ivre. Elle se sentait complètement seule. Il ne se disputait même plus avec elle. Elle sentait qu'elle vivait avec un fantôme.

COMMENT ÉVITER OU PRÉVENIR LE SABLE MOUVANT DES RELATIONS

La relation de Nancy et d'Éric n'est pas une jolie image. Cette épouse se sent abandonnée et flouée. Elle se demande comment l'homme positif et obligeant qu'elle a marié s'est transformé en alcoolique déprimé. Et bien qu'elle ait de la difficulté à l'exprimer, elle est affligée de ce que l'homme qu'elle aime soit devenu si malheureux, abattu et apathique. Ils sont enlisés dans le sable mouvant de la relation. Il ne répond plus à toute tentative de réparer la relation. Même les hommes bien abandonnent parfois.

Le sable mouvant relationnel fait suite à un certain nombre de problèmes. Je l'ai vu se produire dans des cas comme celui d'Éric, quand un déséquilibre du pouvoir fait qu'un homme se sent impuissant à se battre pour atteindre le bonheur ou à être efficace dans une relation. Parfois, un trouble de l'humeur, l'utilisation de substances ou d'autres difficultés non traitées d'une femme font que son partenaire se désespère de lui faire plaisir. Cela se produit aussi quand une femme refuse l'intimité et que son partenaire craint d'être condamné à une existence sans sexe. Et cela peut assurément se produire quand les plaintes et l'irrespect mènent un homme à penser: *Il n'y a pas moyen de lui faire plaisir, alors à quoi bon essayer?*

Le sable mouvant relationnel peut être particulièrement insidieux parce que nous, les hommes, excellons à compartimenter nos vies. Un homme comme Éric peut être tout à fait misérable à la maison et pourtant se comporter adéquatement ailleurs, dissimulant ses problèmes à ses amis et à sa famille. S'il se sent piégé dans sa relation pour des raisons financières ou émotionnelles, il peut rester là mais demeurer désengagé pendant des années, voire toute une vie.

Quand, pour une raison quelconque, un homme décide qu'il est sans espoir de continuer à mettre des efforts dans une relation, celle-ci est en grand danger. Heureusement, peu de relations sont irréparables si les deux parties sont disposées à faire un effort honnête pour guérir le clivage. Cependant, il n'est pas probable que les couples dans une situation aussi avancée que celle d'Éric et Nancy soient capables de ranimer leur amour sans aide extérieure. Vers la fin du chapitre, je dirai ce qu'il faut rechercher chez un thérapeute, mais j'aimerais d'abord offrir des stratégies pour échapper au sable mouvant des relations ou, mieux, le prévenir:

- S'il y a un problème, nommez-le.
- Soyez quelqu'un que votre partenaire veut côtoyer.
- Répondez aux réactions émotionnelles primaires.
- Créez une sortie de secours des modèles.
- Acceptez les offres de paix.
- Ne présumez pas qu'il comprend.
- Recréez l'intimité.
- Suivez une thérapie de couple.

• *S'il y a un problème, nommez-le*

Le combat de Nancy et Éric a été exacerbé par leurs difficultés à parler ouvertement de leurs problèmes. Aucun d'eux n'avait beaucoup été formé à communiquer en famille ou dans des relations antérieures, et tous deux étaient aux prises avec le puissant réflexe de régler le problème sans mots – Nancy en prenant en charge et Éric en étant le gardien de la paix.

Comme nous l'avons mentionné, bien des hommes communiquent davantage par des actions que par des mots. Mais cela ne veut pas dire que nous ne voulons pas joindre au moins quelques mots à un problème. Sans doute parce que nous sommes tellement portés à trouver des solutions, nous fonctionnons mieux quand nous connaissons le nom du problème, que ce soit une bougie d'allumage défectueuse ou un modèle de dysfonction relationnelle. Nous voulons savoir ce que nous essayons de réparer.

Pour étiqueter les problèmes, il est bon d'être spécifique. Voici quelques façons dont Nancy et Éric auraient pu commencer à étiqueter leur modèle. Remarquez qu'aucune n'est une critique ou un blâme. Ce ne sont que des descriptions factuelles du modèle, pas des personnes:

– «Je remarque que chacun de nous travaille très fort pour obtenir ce dont il a besoin de l'autre.»

– «Est-ce qu'il semble que nous avons cessé d'essayer de nous faire plaisir l'un l'autre?»
– «Est-ce qu'il te semble que j'aie pris presque toutes les décisions récemment?»

Mettre des étiquettes claires et spécifiques sur des modèles problématiques – même si les étiquettes sont imparfaites – aide les hommes de plusieurs manières. Premièrement, le seul fait de joindre quelques mots à un problème crée une petite distance de celui-ci. Quand une personne peut dire: «Eh, je crois que nous le faisons encore», les deux deviennent soudainement davantage conscients du comportement et moins attachés à celui-ci. Il perd une partie de son pouvoir sur eux. (Vous avez probablement remarqué que certains exemples étaient sous forme de questions. Les questions non accusatoires sont une bonne façon de présenter une étiquette tout en donnant à votre partenaire la possibilité de l'accepter ou d'offrir une autre idée.)

Deuxièmement, nommer le problème donne aux hommes un défi à relever, un point central pour leur style introspectif, mécaniste, de résolution de problème.

Troisièmement, quand un couple peut tomber d'accord sur le nom et la nature du problème auquel il fait face, il a soudainement un but commun, même s'il est mince au départ. Nous, les hommes, aimons faire équipe avec d'autres pour faire des actions constructives. Nous sommes plus enclins à nous ouvrir et à travailler vers une solution quand nous savons que notre partenaire est de notre côté et axé sur le même but.

Donner un nom à un modèle problématique peut sembler une étape modeste, mais elle est importante.

• *Soyez quelqu'un que votre partenaire veut côtoyer*

Les disputes et les modèles destructeurs avec lesquels les couples sont aux prises impliquent souvent un sentiment de perte d'intimité et de connexion. Nous tous, hommes et femmes, nous sentons naturellement anxieux et contrariés quand la personne que nous aimons semble se détacher de nous. Nous voulons le même amour et le même respect que nous avons déjà eus.

Il est aussi naturel de nous sentir blessés quand l'amour semble s'en aller, et cela peut nous faire employer des stratégies destinées à rétablir la relation, mais qui, finalement, poussent notre partenaire encore plus loin de nous. L'homme qui se replie de façon stéréotypée, la femme qui insiste ou harcèle, le partenaire qui essaie de provoquer de la jalousie, celui qui punit par sa froideur ou des commentaires acérés – tous cherchent, en fait, à rétablir la relation. Ils veulent se sentir de nouveau en sécurité.

Mais ces réactions naturelles nous transforment de manières douloureusement ironiques. Jadis, nous étions les personnes avec qui nos partenaires étaient impatientes d'être. Elles pensaient à nous au travail, elles nous envoyaient des courriels romantiques simplement pour nous dire qu'elles pensaient à nous, et nous étions ceux vers qui elles se tournaient avec leurs problèmes.

Les problèmes relationnels – ou, plus précisément, la façon dont nous y réagissons – peuvent nous transformer en personnes que nos partenaires tentent d'éviter. Je crois que c'est une difficulté particulière pour les femmes parce que les hommes sont plus portés à se retirer de la relation, ce qui place les femmes dans une position désavantageuse.

Cela est un exemple du modèle demande-retrait présenté au chapitre 7. Lorsqu'une personne se retire, elle place injustement l'autre dans la position d'être le poursuivant, contraint d'utiliser peut-être le harcèlement et les plaintes. C'est une voie dangereuse parce que le poursuivant devient de plus en plus le «fauteur de troubles», soit la personne qui ne sera jamais satisfaite. Plus une personne bat en retraite – et cette personne est habituellement l'homme – plus l'autre la poursuit, fait des demandes et semble déraisonnable.

C'est alors que le savoir-vivre et la considération peuvent commencer à manquer. Lorsque la gentillesse diminue dans une relation, le manque de respect et le ressentiment prennent place. C'est du poison pour les relations.

— L'importance du respect

Si éprouvants soient-ils, les moments difficiles sont précisément le temps où il est le plus important d'être la personne dont notre partenaire est tombé amoureux. Surtout lorsque nous discutons de sujets épineux, il nous faut démontrer que nous croyons encore que notre partenaire est digne de respect. Et, soyons francs, il faut le feindre parfois.

Nul doute qu'il est difficile d'être poli avec un homme qui se retire de la relation. Mais au lieu de laisser la frustration prendre le dessus, essayez le premier conseil de cette section et nommez le problème: «Je remarque que je me sens obligée de te talonner et de te forcer à me parler.»

Il est également important de respecter votre partenaire – et vous-même – suffisamment pour le laisser s'occuper de la partie du problème, quelle qu'elle soit, qui lui revient. Quand une femme harcèle un homme pour avoir une conversation, elle le soulage en fait de sa responsabilité de s'occuper des difficultés auxquelles il fait face. Lorsqu'il résiste à converser avec elle, il est distrait de la raison pour laquelle il ne parle pas.

Voici un exemple de la manière dont une femme peut exprimer qu'elle respecte suffisamment son partenaire pour le laisser régler ses propres problèmes tout en respectant ses limites à elle: «Je vais essayer de résister à l'envie de te coincer dans une conversation. Je n'aime pas comment on se sent dans cette situation. Tu sais que j'aimerais parler. Je compte sur toi pour nous aider à nous en sortir.»

À ce moment, la poursuivante est libre de l'obligation inappropriée de protéger son partenaire. Elle est libre d'être la personne qu'elle veut être et celle dont son partenaire est tombé amoureux. C'est maintenant *son* problème à lui à résoudre. (Cependant, il ne sait peut-être pas comment commencer à le résoudre, ce dont je parlerai sous peu.)

— Les risques du respect

Permettre à votre partenaire d'aborder son propre problème peut être difficile et terrifiant. Et s'il n'est pas disposé à dialoguer après? Qu'est-ce que cela dirait à propos de la relation? Je soupçonne que ce genre de peur maintient bien des couples piégés dans le modèle demande-retrait. Tant et aussi longtemps qu'ils demeurent dans ce modèle, ils entrevoient la possibilité de révéler quelque chose de désagréable au sujet de la relation, comme la possibilité que l'homme ne soit pas intéressé à la maintenir.

Toutefois, il y a une possibilité plus probable et moins menaçante. Bien des hommes ne savent pas honnêtement comment dialoguer au niveau que les femmes désirent souvent, et ce, pour un certain nombre de raisons. Ils n'ont peut-être jamais été exposés à ce niveau de conversation. Peut-être qu'ils l'ont essayé mais se sont sentis punis de le faire. Peut-être qu'ils sont douloureusement opposés à être émotionnellement vulnérables. Si c'est la source du problème, aidez votre partenaire en lui rappelant qu'il a des options. Plutôt que de plonger tête première dans une conversation difficile avec vous, il pourrait d'abord parler à un ami, voir seul un thérapeute, prendre part à une thérapie de couple avec vous, se confier à un proche, et ainsi de suite.

Croyez-en quelqu'un qui est passé par là: certains hommes ne savent honnêtement pas comment aborder ces aspects. Si c'est le cas, perdre du respect envers votre partenaire ne l'aidera sûrement pas, pas plus que votre cause, d'ailleurs. Offrir de le guider un peu quand il en a besoin, le respecter suffisamment pour le laisser se débattre avec ses propres difficultés et être la personne dont il est tombé amoureux – cela est plus difficiles à faire, mais en fin de compte, c'est plus satisfaisant pour tout le monde.

• *Répondez aux réactions émotionnelles primaires*

Les réactions émotionnelles secondaires des hommes peuvent être si bien intégrées qu'ils ne les reconnaissent même pas. Ce n'est rien de nouveau, mais vous pouvez être étonnée d'apprendre que nombre d'hommes admirent les habiletés émotionnelles que possèdent les femmes, comme en témoignent ces hommes:

- «J'aime la façon dont les femmes ne craignent pas les émotions. J'aime qu'elles vivent à cœur ouvert. Cela les rend plus vulnérables à la tristesse, mais je crois aussi que cela les ouvre à ressentir un niveau de contentement et de joie au-delà de ce que les hommes peuvent connaître.»
- «Les femmes peuvent être très généreuses et conscientes des besoins des autres d'une façon qui ne me viendrait jamais à l'esprit.»

Nettement, ce n'est pas la responsabilité des femmes de faire que les hommes se comprennent eux-mêmes. Mais vous pouvez nous aider, si vous le voulez, en répondant à nos réactions émotionnelles primaires plutôt qu'à nos réactions secondaires.

Par exemple, la réaction secondaire d'Éric aux demandes de Nancy était une forme extrême de retrait. Sa réaction *primaire* était un sentiment de frustration et de désespoir. Même si Nancy n'était pas particulièrement habile pour négocier ce genre de difficultés, elle n'avait pas besoin d'être une experte pour aider Éric à les traverser. Si elle avait reconnu que quelque chose se passait en coulisse, elle aurait pu approcher Éric avec une simple curiosité.

Elle aurait pu commencer par mettre un nom sur le problème, puis simplement exprimer son ouverture à ce sujet, même si elle ne comprenait pas exactement de quoi il en retournait, peut-être en disant quelque chose comme: «Il me semble que tu te refermes, mais je suis pas mal certaine que ce n'est pas ce que tu veux de notre mariage. Peut-on essayer de trouver ce qui se passe?» Un homme bien comme Éric se serait probablement senti soulagé par cette approche plus douce.

• *Créez une sortie de secours des modèles*

Au chapitre 7, j'ai discuté des modèles destructeurs et de l'importance de les remplacer. Créer une sortie de secours est une façon d'interrompre un modèle destructeur. Cela peut aussi rassurer votre partenaire que vous cherchez une solution au lieu de le blâmer.

Quand votre partenaire et vous avez mis des mots sur le problème, et que vous avez commencé à identifier les réactions émotionnelles secondaires, vous pouvez utiliser un mot de passe pour interrompre le modèle dès qu'il se met à se répéter et avant que les dommages ne surviennent.

Voici comment cela fonctionne: vous convenez tous deux de prendre une pause *au premier signe* qu'un modèle destructeur refait surface et que vous êtes sur le point de reprendre la même vieille dispute. (Rappelez-vous les alarmes lumineuses du tableau de bord mentionnées au chapitre 7.) Certains couples conviennent d'un mot de passe comique, comme «Sasquatch» ou «jambalaya». D'autres choisissent de dire quelque chose de plus direct, comme «Prenons une pause». Quand vous aurez appris à interrompre le modèle, vous serez tous deux en bonne position pour revenir à la discussion et remplacer le comportement problématique à l'aide du processus de la section «Aussi difficile que 1-2-3» du chapitre 7.

Créer une sortie de secours comporte quelques étapes importantes. Premièrement, vous devez négocier les termes. Convenez du mot ou de l'expression que vous utiliserez et de la période de pause avant de revenir à la conversation.

Deuxièmement, permettez-vous de faire des erreurs. Utiliser la sortie de secours peut être difficile à maîtriser. Un partenaire ou les deux peuvent avoir de la difficulté à interrompre la dispute ou à revenir à la conversation après le délai convenu. En fait, il est commun d'éviter de revenir à la conversation en raison de l'anxiété à l'égard de la suite de la conversation. Il est aussi commun de croire que l'autre personne recourt à la sortie de secours pour gagner la dispute ou la fuir. Les faux pas sont normaux. Renégociez les règles si nécessaire et essayez de nouveau la prochaine fois qu'un modèle destructeur apparaît. Quand on agit de bonne foi et avec de bonnes intentions, même les erreurs peuvent être une expérience de guérison.

J'ai remarqué qu'en général, les hommes sont plus à l'aise que les femmes avec la sortie de secours. Les hommes semblent souvent plus disposés à interrompre les conversations dommageables. Peut-être est-ce parce que ceux qui sont au bord du sable mouvant relationnel croient qu'il n'y a aucun moyen pour eux d'échapper à un conflit répétitif. La sortie de secours peut redonner espoir à ces hommes et construire celle-ci ensemble peut recréer la confiance.

• ***Acceptez les offres de paix***

Je connais un homme qui, après la première séance de thérapie de couple, a changé l'huile dans la voiture de sa femme. Elle avait l'habitude de laisser sa voiture au garage local deux fois par année, mais à cette occasion, il a décidé de le faire lui-même et de lui épargner le déplacement. Vous devinez probablement le dénouement de cette histoire, car il s'agissait de plus qu'un simple changement d'huile.

Cet homme a trouvé sa première séance utile. Il a particulièrement apprécié que sa femme prenne ouvertement sa responsabilité pour sa part de leurs problèmes de communication. Cela lui a donné de l'espoir. Le changement d'huile était une offre de gratitude.

Sa femme, étant intelligente et perspicace, a reconnu l'offre pour ce qu'elle était. Elle ne s'est pas plainte qu'elle aurait préféré un dîner romantique. Elle était assez avisée pour savoir que le dîner romantique viendrait bien assez tôt – quand son mari saurait qu'il pourrait baisser ses défenses suffisamment pour s'engager plus romantiquement avec elle.

Elle a accepté l'offre de paix, l'a reconnue et a exprimé sa gratitude. Ce petit geste de sa part a encouragé son mari à continuer ses offres de reconstruction. Une réponse cinglante ou indifférente, par ailleurs, aurait découragé cet homme.

La communication masculine peut être subtile. Nous ne sommes pas les êtres socialement ineptes comme les comédies à la télé aiment à nous dépeindre. Nous sommes doués pour le langage en larges groupes qui ne sont pas étroitement connectés dans lesquels le capital social est la monnaie courante et où les gestes subtils portent souvent un sens profond.

• *Ne présumez pas qu'il comprend*

Tout comme les femmes peuvent rater le sous-texte de la communication masculine, l'intention derrière les signaux subtils des femmes peut échapper aux hommes. C'est arrivé à un couple que je connaissais. Monsieur ne semblait pas comprendre que, lorsque sa femme lui demandait de l'accompagner pour promener le chien, elle cherchait, en fait, à passer du temps seule avec lui. Elle avait entendu que les hommes ont de meilleurs rapports aux autres quand ils partagent la même activité, alors elle essayait de parler son langage.

Il n'a pas compris. Il supposait qu'elle voulait simplement quelqu'un pour ramasser les déjections du chien ou pour prendre sa place quand le chien tirait sur sa laisse. Il a marché avec elle sans se plaindre, mais en lui-même, il était légèrement contrarié par la nouvelle habitude de sa femme d'interrompre son emploi du temps chargé pour quelque chose d'aussi insignifiant.

Heureusement, ils ont pu tirer la situation au clair après qu'il a marmonné à ce sujet un soir. Il a admis qu'il était contrarié qu'elle lui ait imposé une nouvelle responsabilité sans en discuter, et elle a expliqué qu'elle essayait de se connecter à lui d'une façon qui pourrait être significative pour lui. Quand il a compris l'intention de son épouse, il a apprécié son initiative et ils ont continué de marcher ensemble.

Ne supposez pas que nous comprenons ce que vous essayez réellement de nous dire, et ne nous le faites pas deviner. Nous voulons vous faire plaisir, mais nous sommes certains de nous tromper – du moins une partie du temps –, ce qui vous cause une déception, et à nous, une défaite.

• *Recréez l'intimité*

Je vais omettre les euphémismes ici. Les hommes aiment le sexe. La plupart des hommes vous diront qu'ils ont *besoin* de sexe. Ils peuvent avoir l'air d'exagérer, mais il y a là un fond de vérité.

Une revue de la littérature scientifique sur ce sujet a constaté que l'intimité fréquente améliore l'humeur, le fonctionnement immunitaire et la santé cardiovasculaire, et qu'elle a d'autres avantages directs sur la santé (Brody, 2010), dont la plupart s'appliquent aux hommes et aux femmes. (Fait intéressant, cette étude a suggéré que certaines activités sexuelles peuvent avoir des effets inverses. Par exemple, remplacer le sexe par une masturbation fréquente peut, en fait, abaisser l'humeur d'un homme.) Chez les hommes qui ont des rapports sexuels fréquents, le taux de cancer de la prostate est plus faible, et c'est vrai aussi pour les femmes pour le taux de cancer du sein. L'étude a même constaté que les hommes qui ont plus de rapports sexuels et les femmes qui aiment davantage le sexe vivent plus longtemps.

Les avantages ne sont pas seulement physiques. Les rapports sexuels fréquents ont un effet si profond sur les perceptions de l'intimité qu'ils peuvent même atténuer l'anxiété des personnes aux prises avec des styles d'attachement insécurisant (Little, McNulty et Russel, 2010). Ces personnes, qui peuvent avoir connu la négligence parentale qui fait qu'ils ont du mal à se sentir en sécurité dans les relations adultes, arrivent mieux à gérer leur anxiété quand elles ont des relations intimes fréquentes avec un partenaire aimant.

Le sexe, tant et aussi longtemps qu'il est bienveillant et agréable, avantage tant les femmes que les hommes. Bien sûr, les hommes ont la réputation d'avoir une libido plus forte. Les hommes d'âge moyen, en particulier, expriment le désir de rapports sexuels plus fréquents (Smith et *al.* 2011), peut-être parce que les demandes de la vie, à l'âge moyen (parentage, travail, ainsi de suite) empiètent sur l'intimité.

Là où je veux en venir, c'est que, pour les hommes, l'intimité sexuelle favorise le bien-être et elle les aide souvent à se rapprocher de leurs partenaires. Mais lorsqu'un couple est dans le sable mouvant d'une relation, il y a un fort risque que l'intimité sexuelle soit inexistante. En tout cas, s'il y a une lueur d'espoir de raviver la relation, je crois que c'est une erreur de renoncer aux relations physiques (sauf pour des problèmes physiques, des difficultés émotionnelles ou des ennuis de santé, bien sûr). Renoncer au sexe élimine l'une des façons les plus importantes dont une femme peut favoriser la proximité avec son partenaire. Pourtant, j'ai rencontré beaucoup de femmes qui désirent ardemment une intimité émotionnelle avec leur partenaire mais qui, dans les faits, ne veulent plus de rapports physiques. Les mots sont difficiles à trouver pour décrire le découragement que cela provoque chez les hommes.

Refuser le sexe peut conduire les hommes hors de la relation. Lorsque les hommes croient qu'on leur refuse l'intimité, celle-ci devient leur obsession. Bien des hommes cherchent alors ailleurs un lien émotionnel et physique quand ils ne le trouvent plus à la maison.

Je réalise que c'est un sujet brûlant et que le sexe et la confiance sont étroitement liés pour la plupart des femmes. Je ne suggérerais jamais que quiconque puisse se placer dans une position intime et vulnérable avec un partenaire en qui il ne peut avoir confiance. Pas plus que je ne suggère que les femmes aient des rapports sexuels dans le but de sauver la relation.

En même temps, une relation qui vaut la peine d'être sauvée devrait être équilibrée et mutuellement satisfaisante. La recherche indique que l'intimité physique – ou son absence – a un effet profond sur les hommes. Voici ce qu'en a dit un d'entre eux : « Le sexe est une façon dont les hommes comprennent et expriment leur amour. Bien sûr, il y en a parmi nous qui veulent du sexe seulement pour le plaisir. Mais je suis prêt à parier que la majorité des hommes recherchent du sexe avec une forte impression de connexion émotionnelle. Il y a peu de joies qui égalent l'acceptation amoureuse qu'une femme donne à un homme dans le sexe. »

Raviver l'intimité dans une relation en difficulté peut être un défi pour les deux partenaires. Il faut parfois quelques directives, ce qui m'amène à mon dernier conseil en matière de sable mouvant relationnel.

• *Suivez une thérapie de couple*

Quelqu'un m'a déjà dit qu'un bon conseil est l'une des choses les plus valables qu'on puisse acheter. Lorsqu'une thérapie de couple est bien faite, c'est un investissement mineur qui peut prévenir une vie de lutte et de malheur.

Hélas, bien des hommes sont intimidés par la thérapie de couple. Et qui peut les blâmer? Ma profession est plutôt conviviale pour les femmes, parfois au point de ne pas l'être pour les hommes. Cela étant établi, voici quelques trucs sur la manière de persuader un homme hésitant qu'il est temps d'obtenir de précieux conseils de l'extérieur.

Premièrement, gardez à l'esprit que la thérapie de couple peut être menaçante pour votre partenaire. Elle peut aller à l'encontre de tout son entraînement à garder ses émotions bien cachées en coulisse. Assurez-vous qu'il sache que vous ne laisserez pas le thérapeute faire équipe avec vous pour le dépeindre comme le mauvais gars, ce que craignent beaucoup d'hommes. Assurez-le aussi que vous ne tolérerez pas tout préjugé antimâle de la part du thérapeute (et ne présumez pas qu'un thérapeute masculin n'aura pas un parti pris anti-mâle). Assurez encore votre partenaire que vous prendrez votre part de responsabilité.

Faites en sorte que votre partenaire participe au choix du thérapeute, et promettez-lui que vous ne prendrez pas un deuxième rendez-vous avant d'en avoir discuté avec lui en privé. Recherchez un professionnel compétent avec beaucoup d'expérience et un sens de l'humour. L'humour aide la plupart des hommes à se détendre et à participer à la thérapie. Et ne craignez pas de magasiner. Aujourd'hui, nombre de thérapeutes offrent une première consultation gratuite.

Certaines actions que j'ai suggérées dans ce chapitre, comme nommer le problème et répondre aux réactions émotionnelles primaires, semblent faciles sur papier mais peuvent être assez difficiles à effectuer dans la vie réelle. Un bon thérapeute peut aider un couple à rester concentré et à éviter de retomber dans les vieux modèles. Dans mon estimation de résolution de problème masculine, il vaut mieux obtenir de l'aide que de lutter indéfiniment.

Que se passe-t-il avec Nancy et Éric ?

La thérapie serait une excellente idée pour un couple comme Nancy et Éric, surtout parce qu'ils ont tous deux amené dans leur mariage des antécédents relationnels troublants et des déficits de communication. Un bon thérapeute pourrait les aider à identifier et à mettre en priorité les enjeux importants, comme le retrait et l'utilisation de substances d'Éric, l'extrême déséquilibre de pouvoir dans la relation et les façons improductives que Nancy utilise pour exprimer ses besoins. Voilà trois modèles destructeurs, chacun d'eux pouvant être difficile à surmonter, ce qui rend l'aide professionnelle encore plus judicieuse.

Malgré leurs sérieuses difficultés, les couples comme Nancy et Éric peuvent reconstruire des relations intimes et satisfaisantes. Dans leur cas en particulier, j'espérerais que le thérapeute puisse ramener les forces d'Éric dans la relation.

Pour l'homme de votre vie
L'émasculation n'est bonne pour personne

Les gars, ce chapitre portait sur les hommes qui ont abandonné leur relation. Ils se sentent écrasés et ne sont plus les hommes qu'ils veulent être.

Je suis certain que vous avez vu ça: un homme qui se cache dans son garage, son bureau ou au bar parce qu'il a perdu tout espoir d'une bonne relation avec sa femme ou sa petite amie. Il ne peut supporter d'être avec elle, mais il reste dans la relation pour éviter les répercussions émotionnelles ou financières.

Ce gars-là s'est essentiellement émasculé lui-même. Il est déprimé. Ce n'est plus un homme pleinement fonctionnel dans une relation mutuellement bénéfique. Il a capitulé et choisi la voie de la moindre résistance.

Si vous êtes ce gars-là – si vous vous cachez de votre femme ou de votre amie de cœur pendant que la vie passe – cherchez de l'aide. Ne luttez pas seul. Trouvez un ami, un mentor ou un thérapeute qui peut vous aider à redevenir l'homme que vous voulez être – et un homme que votre partenaire désire côtoyer.

Vous n'avez pas à tout réparer en une journée. En fait, il faudra du temps. Commencez par seulement mettre des mots sur le problème. Entamez une conversation à ce sujet avec quelqu'un. C'est la bonne chose à faire, et la chose virile à faire.

Chapitre 10

Les bonnes choses que les hommes bien apportent à leurs relations

Nous savons tous que les hommes aiment la télévision. (Je garde une photo de mon téléviseur dans mon portefeuille!) Toutefois, la télé n'aime pas toujours les hommes. Je suis certain que vous avez vu des comédies de situation dans lesquelles seules les femmes possèdent la sagesse des relations, et ces héroïnes éplorées doivent régulièrement rescaper leurs malheureux hommes de la pitoyable ineptie masculine. C'est bon pour faire rire, mais les relations fonctionnent mieux quand il y a place pour deux parties compétentes. En fait, des anthropologues croient que de ne pas avoir incorporé les traits masculins et féminins dans leur culture et leurs relations est l'une des principales raisons pour lesquelles les Néandertaliens ont péri (Kuhn et Stiner, 2006).

Nos ancêtres lointains, par ailleurs, ont appris à capitaliser sur les forces masculines et féminines. Ils ont divisé les responsabilités en conformité, ce qui a donné à notre espèce un profond avantage de survie (Kuhn et Stiner, 2006). Naturellement, tout a beaucoup changé au cours des millénaires. Nous avons désormais la télévision, entre autres. Mais cela demeure une constante: les relations les plus saines ont une place pour les forces masculines et féminines.

CE QUI FAIT QUE LES HOMMES BIEN RÉUSSISSENT LEURS RELATIONS

Croiriez-vous que la volonté d'un petit garçon de sauter à bicyclette par-dessus une rampe improvisée le rendrait meilleur dans ses futures relations? Et qu'en serait-il de sa volonté d'affronter l'offensive de l'équipe rivale invincible au football ou de sa détermination de ne pas pleurer s'il se fait mal durant le match? Pourriez-vous imaginer que, si son entraîneur lui demande de serrer la main de l'équipe adverse, peu importe le résultat du match, cela ferait de lui un excellent mari ou petit ami?

C'est vrai. Des expériences comme celles-là contribuent à la capacité d'un garçon de devenir un jour un bon compagnon habile dans un avenir lointain. Comment? Pour avoir un aperçu, examinons comment garçons et filles traitent l'empathie.

Les filles, jusqu'au début de l'adolescence, ont mieux développé l'empathie pour les autres enfants souffrants que les garçons, et elles peuvent mieux comprendre les sources de la douleur, qu'il s'agisse de leur propre douleur ou de celle des autres (Garaigordobil, 2009). Par exemple, une fille serait plus susceptible de comprendre intuitivement qu'une amie est triste parce qu'elle a été exclue d'un groupe.

Les garçons sont évidemment capables de comprendre les sources de la douleur, mais leur attention est ailleurs. Que l'on attribue la différence à l'inné, à l'acquis ou à l'inné amplifié par l'acquis (ma préférence), les garçons mettent généralement l'accent sur être des durs, prendre les coups en homme, réduire la vulnérabilité et revenir eux-mêmes ou avec les coéquipiers dans le match réel ou fictif. Les garçons n'insistent pas beaucoup sur les sources de la douleur. Non pas qu'ils ne se soucient pas des émotions, mais ils s'inquiètent davantage du résultat.

Cette différence d'empathie et d'analyse de la douleur est bien documentée et, dans mon expérience, elle est régulièrement présentée comme une déficience de la part des garçons. Ce jugement semble non nécessaire et de courte vue. L'empathie est valable, mais le stoïcisme est aussi valable, selon le contexte. La beauté de la chose est que nous ne sommes pas tenus de prendre pour l'un ou l'autre. Nous pouvons avoir les deux. En fait, il nous faut les deux.

Supposons qu'un groupe de gens soit perdu dans la nature et doive retracer son chemin vers la maison. L'empathie serait une habileté importante parce qu'elle aiderait la cohésion du groupe. Mais il serait également important d'être capable de voir au-delà des sources de la douleur et de se concentrer sur le retour à la maison.

Les couples et les familles font régulièrement face à des situations stressantes. Nous ne nous perdons peut-être pas souvent dans les bois, mais nous sommes aux prises avec des difficultés financières, des problèmes de santé et nombre d'autres soucis. La beauté sublime d'amalgamer les traits masculins et féminins est la capacité d'appliquer le meilleur des deux mondes à tout problème. Pour poursuivre le scénario perdu-dans-les-bois, l'empathie fait en sorte que les sources de la douleur sont identifiées et traitées. Le stoïcisme, lui, fait en sorte que nous récupérons rapidement, réduisons notre vulnérabilité et continuons notre chemin vers la sécurité. Les deux sont nécessaires et c'est sans doute un exemple parfait de l'une des raisons pour lesquelles les Néandertaliens ont péri alors que nos ancêtres ont prospéré.

La dichotomie empathie-stoïcisme n'est qu'un exemple de traits complémentaires. Dans ce chapitre, je vais explorer plusieurs traits masculins valables qui complètent les forces féminines, en partie d'après ce que les femmes m'ont dit aimer le plus du fait d'avoir un homme dans leur vie. Mais d'abord, laissez-moi revoir ma renonciation au sujet des généralisations. En réalité, il n'y a pas de traits masculins ou féminins, il n'y a que des traits qu'un des sexes possède en moyenne en plus grande quantité ou utilise différemment. Personnellement, je trouve à la fois étrange et merveilleux que les femmes tendent à compenser les qualités qui manquent aux hommes, et vice versa.

Les hommes et les femmes peuvent se compléter dans une relation comme le yin et le yang, le ciel et la terre, ou la bière et les croustilles. Toute équipe homme-femme qui néglige la moitié de ses actifs émotionnels et cognitifs est comme un moteur sans bougies d'allumage. Bien sûr, il peut rouler en boitant, mais pourquoi ne pas activer tous les cylindres? Alors voici certaines des qualités les plus valables, et souvent négligées, que les hommes peuvent apporter aux relations:

- La protection émotionnelle
- Pardonner et oublier
- La joie de la simplicité
- Le stoïcisme utile
- L'orientation vers un but
- L'esprit ludique

• *La protection émotionnelle*

Historiquement, les hommes sont des protecteurs. Les femmes ne sont certainement pas impuissantes, surtout en notre ère moderne, mais les aptitudes protectrices que les hommes ont développées sur des milliers de générations sont encore disponibles pour toute femme qui souhaite en profiter.

Prenons Pete et Amy, un couple qui peine à gérer un groupe d'immeubles à logements qu'ils ont achetés ensemble. Comme les réalités d'être propriétaires se manifestent (travaux de plomberie la nuit, évaluation foncière, coûts des assurances et ainsi de suite), Pete et Amy sont de plus en plus tracassés et en désaccord au sujet de ces immeubles. Les problèmes liés à ces propriétés ont envahi leurs dîners de famille, leurs fins de semaine et même leur vie sexuelle.

Grâce à la thérapie de couple, ils ont réalisé qu'Amy ne voulait pas vraiment être impliquée dans la gestion quotidienne des immeubles. Quand ils les avaient achetés, ils avaient supposé qu'un partenariat voulait dire qu'ils devaient partager également l'anxiété et la prise de décisions, mais Amy a admis à contrecœur qu'elle voulait que Pete prenne la direction. Elle avait gardé cela pour elle de peur de lui imposer le fardeau de la prise de décisions qu'elle trouvait tellement désagréable.

Amy a été étonnée d'apprendre que Pete était heureux de l'obliger. En fait, la soulager du stress l'a rendu heureux et il était enchanté d'éliminer la source de tant de disputes entre eux. Ils ont négocié une nouvelle entente dans laquelle Pete gérait les immeubles lui-même excepté pour les décisions majeures, et tous deux étaient plus heureux.

Leur soulagement provenait peut-être du fait que les hommes vivent le risque et le danger différemment des femmes et qu'ils y sont plus tolérants, alors que les femmes n'aiment généralement pas le risque (Roszkowski, 2010). Je ne veux absolument pas suggérer que les hommes sont supérieurs pour prendre des décisions ou qu'ils devraient être en charge de l'argent ou des affaires. Mais l'histoire et la recherche indiquent clairement que les hommes sont plus disposés à accueillir le risque, le danger et le malaise émotionnel qui s'ensuit. J'espère avoir suffisamment souligné dans ce livre que les différences entre les sexes n'impliquent pas de supériorité sur quelque côté. Pour chaque homme qui est prêt à risquer follement sa sécurité ou sa fortune, il y a une femme de bon sens qui prendrait une voie plus sûre.

Ce ne sont pas toutes les femmes qui voudraient une relation comme celle de Pete et Amy, ni tous les hommes. Mais si vous désirez capitaliser sur la volonté d'un homme de vous protéger et de vivre le malaise à votre place, nombre d'entre nous vont se présenter.

Certaines femmes apprécient cela. Quand j'ai demandé aux femmes ce qu'elles aiment des hommes, c'était un thème récurrent:

- «J'aime que les hommes soient des matamores à certains moments et protecteurs à d'autres moments.»
- «J'aime la sensation de leurs bras quand ils m'enlacent, si forts et protecteurs.»

– «Je n'ai pas besoin d'être protégée par un homme, mais j'aime que mon homme soit prêt à le faire.»

• *Pardonner et oublier*

La plupart des hommes sont capables d'avoir un sérieux désaccord avec un autre homme, puis de prendre une bière ensemble comme si de rien n'était. C'est une aptitude que certaines femmes semblent admirer:

– «J'aime que les hommes soient plus directs avec leurs idées. J'aime que les hommes puissent être en désaccord les uns avec les autres et que cela ne menace pas sérieusement leurs relations.»

– «Ils semblent pardonner et passer à autre chose très facilement.»

– «J'envie plusieurs des aptitudes qui semblent innées chez les hommes, comme celle de ne pas ruminer le passé. Ils pardonnent plus rapidement et facilement.»

Plus tôt dans ce livre, j'ai discuté de l'importance que prennent le statut et la hiérarchie pour les hommes, ainsi que la tendance chez eux à bien fonctionner en larges groupes. Ces qualités contribuent à notre disposition à pardonner, parce que la vie en grands groupes est plus facile quand on ne garde pas de rancune contre personne. Dans un grand groupe qui n'est pas étroitement connecté, garder rancune a peu d'avantages après que l'ordre est rétabli et que les questions de statut sont réglées.

Tout porte à croire que les hommes et les femmes traitent le pardon différemment. Bien que nous puissions être plus vengeurs que les femmes quand nous en voulons à quelqu'un, les chercheurs ont constaté que les hommes pardonnent, en fait, plus vite. Les hommes sont plus réceptifs à ce que les chercheurs appellent les incitations à pardonner, comme se rappeler ou se faire rappeler qu'ils ont fait des erreurs semblables dans le passé. Le seul fait de soulever l'idée du pardon est une incitation au pardon pour un homme. Et, bien que cela semble contre-intuitif, les chercheurs ont observé que les hommes sont plus susceptibles de tenir compte du contexte, ce qui crée de l'empathie pour le transgresseur (Root et Exline, 2011).

Bien sûr, les femmes pardonnent aussi, mais les mêmes chercheurs ont constaté qu'elles voient plutôt le pardon comme un processus qui nécessite une guérison émotionnelle. Les hommes le voient différemment, comme une décision ponctuelle plutôt qu'une longue procédure. Nous avons tendance à pardonner puis à passer à autre chose.

L'approche d'hommingénierie des relations reconnaît qu'il est souvent plus utile de pardonner et d'oublier. Entretenir un sac rempli de transgressions est apte à créer un ressentiment destructeur – un élément dangereux dans le monde social masculin.

L'esprit est réticent à oublier les erreurs, les blessures et les transgressions. Cependant, il n'est pas nécessaire de suivre les impulsions de l'esprit pour se concentrer ou agir sur ces idées. (Pour plus de détails sur la désobéissance aux impulsions de l'esprit, vous pouvez consulter mon livre précédent, *The User's Guide to the Human Mind.*)

• *La joie de la simplicité*

Les hommes admirent la profondeur émotionnelle des femmes. Vous vous souvenez sans doute de l'homme qui disait, au chapitre 9: «J'aime la façon dont les femmes ne craignent pas les émotions. J'aime qu'elles vivent à cœur ouvert.» L'autre côté de cette profondeur émotionnelle est la simplicité – la volonté et la capacité de vivre l'ici et maintenant sans se laisser entraîner par le flot de pensées et de sentiments de l'esprit. Bien sûr, parfois, la simplicité des hommes est source de frustration ou de perplexité pour les femmes. Comme l'a dit une femme: «Est-il possible que les hommes ne pensent pas à quoi que ce soit?»

Je vais laisser des gars répondre à cette question:

- «Les femmes ont peine à croire qu'il est possible pour un homme de penser strictement à rien, mais c'est vrai. Nous le faisons.»

- «Quand nous disons que nous ne pensons à rien, souvent nous ne pensons véritablement à rien, ou nous sommes distraits par quelque chose qui n'a pas rapport. Parfois nos esprits vagabondent sans but.»
- «La plupart du temps, quand nous disons que nous ne pensons à rien, c'est soit que nous ne pensons à rien, soit que nous pensons à quelque chose d'insignifiant.»

Peut-être que les femmes en sont frustrées parce que cela ressemble à du détachement. Voici ce qu'a observé une femme: «Les hommes sont incapables de se rappeler les détails d'une relation. Un exemple typique en est quand un ami me dit qu'il a rencontré telle ou telle personne à l'épicerie. Je lui pose ensuite des questions spécifiques et il ne peut répondre à aucune. Avait-elle son bébé? *Je ne sais pas.* A-t-il eu son tatouage de phénix géant pour lequel il économisait? *Je ne sais pas.* Son teint était-il encore jaune après sa jaunisse? *Je n'ai pas remarqué.*»

Ne penser à rien peut ressembler à de l'inattention. Il peut sembler que les relations n'importent pas à un homme qui ne remarque pas les détails à propos des gens. Mais comme un homme me l'a expliqué, sa relation amoureuse était d'une importance vitale pour lui, même si elle n'était pas toujours à l'avant-plan de ses pensées.

En fait, la capacité d'adoucir notre regard sur une relation et d'avoir un esprit détendu quand nous sommes avec la femme aimée indique notre aisance et notre confiance dans la relation. Les gens convoitent généralement la capacité d'échapper à l'anxiété et de se détendre pour une expérience. Certaines femmes admirent cette qualité chez les hommes:

- «Ce que j'aime le plus chez les hommes? Leur simplicité, que le sexe et la nourriture peuvent leur apporter du bonheur.»
- «Les hommes sont faciles à vivre et ne prennent pas tout au sérieux.»

Complexité et simplicité: une autre façon dont les hommes et les femmes se complètent admirablement. Une bonne hommingénierie des relations fait de la place pour les deux.

• *Le stoïcisme utile*

Revoyons ce bon vieux stéréotype erroné selon lequel les hommes ne vivent pas les émotions aussi profondément que les femmes. Comme je l'ai mentionné, les hommes vivent les émotions aussi intensément que les femmes, mais y répondent différemment.

Un groupe de chercheurs a comparé des femmes américaines avec des hommes chinois relativement stoïques. On a demandé aux participants de regarder des photos qui visaient à provoquer de fortes émotions négatives. Il n'est sans doute pas étonnant que les femmes aient signalé des niveaux d'émotions bien supérieurs à ceux des hommes (Davis et *al.*, 2012).

C'est ce que les deux groupes ont *signalé*. Mais apparemment, la situation était très différente en coulisse. Les chercheurs ont constaté que les hommes avaient des émotions négatives en réaction aux photos, mais qu'ils s'éloignaient rapidement de ces émotions en utilisant des stratégies de distanciation émotionnelle, alors que les femmes ne le faisaient pas.

Les hommes recouraient à plusieurs stratégies pour gérer le malaise émotionnel: ils évitaient de rester sur l'image; ils se distrayaient en pensant à autre chose; ils détournaient leur attention du point central désagréable de l'image vers des détails bénins. Ils supprimaient aussi leurs réponses émotionnelles en contrôlant leur expression faciale, ce qui aide à contenir les réactions émotionnelles.

Donc, bien que hommes et femmes soient très semblables émotionnellement, les hommes semblent développer des habiletés à se distancier des sentiments désagréables. (Je crois qu'on peut en attribuer le crédit à l'entraînement au football des jeunes garçons mentionné plus tôt, et aux innombrables expériences de l'enfance.)

Les chercheurs ont noté un autre détail important: les participantes à l'étude tendaient à ruminer davantage que les hommes sur les causes de leur état émotionnel. Alors que les hommes s'éloignaient de leurs émotions désagréables, les femmes les étudiaient. Ce n'est pas nécessairement une mauvaise chose. Envisager les causes d'un état émotionnel peut être utile pour identifier la source des problèmes relationnels, par exemple.

En d'autres occasions, toutefois, il est plus utile de se détourner de l'aspect émotionnel d'une expérience et de s'attaquer à la résolution de problème pragmatique. C'est là que la distanciation émotionnelle peut être utile. Cette habileté est pratique quand il s'agit de chasser une grosse araignée de la baignoire, de nettoyer la canalisation d'égout principale, ou d'effectuer toute autre tâche désagréable que les hommes sont habituellement prêts à faire. C'est une habileté qui n'échappe pas aux femmes qui ont observé ce qui suit:

- «J'aime que les hommes aient une pensée logique. Que leur monde soit habituellement noir et blanc.»
- «C'est réconfortant que les hommes puissent évaluer une situation objectivement.»
- «Bien des fois, je veux décortiquer un problème sans trop d'émotions. En général, les hommes sont mieux que moi pour se concentrer intellectuellement sur une question.»

Ce n'est pas que nous soyons plus braves, que nous ne ressentions pas d'émotions ou que nous soyons émotionnellement plus intelligents que les femmes. En fait, vous pourriez alléguer que notre habitude de nous distancier émotionnellement nous rend moins renseignés sur nos propres émotions. Il semble plutôt que nous soyons bien entraînés à réguler nos réponses aux émotions, alors que les femmes sont plus habiles à comprendre les sources des émotions. L'hommingénieur compétent sait que les deux habiletés sont nécessaires et utiles.

• *L'orientation vers un but*

Certaines personnes se sentent obligées de comprendre d'où viennent les problèmes; d'autres veulent seulement savoir comment arranger les choses. Parmi les couples qui me rencontrent pour résoudre leurs difficultés relationnelles, c'est souvent (mais pas toujours) la femme qui se sent obligée de disséquer les problèmes. Souvent, l'homme ne veut qu'arriver à une solution et poursuivre.

COMMENT PENSENT LES HOMMES

« Les femmes semblent mettre davantage l'accent sur le problème plutôt que sur la solution. »

Je commence peut-être à avoir l'air de radoter, mais les deux approches sont utiles et nécessaires. Un couple a parfois besoin d'identifier pourquoi un problème survient, surtout s'il est récurrent. D'autres fois, il est plus productif de trouver une solution et de continuer sa vie, surtout si le problème était un accroc ponctuel.

Il peut sembler étrange d'entendre un psychologue dire cela, mais selon mon expérience, les couples réussis ne dissèquent pas chaque petit problème qui survient. Ils établissent plutôt des priorités et portent leur attention sur les enjeux importants ou répétitifs. Par exemple, alors que je travaillais avec un couple, la femme a insulté son mari par inadvertance en ayant l'air de questionner son efficacité au travail. C'était le genre de commentaire qu'ils auraient pu passer des jours à déconstruire. *Tu dis que tu ne le penses pas, mais un énoncé comme celui-là doit refléter un irrespect inconscient pour moi. Il faut en parler.*

Mais la vérité était que ce n'était que l'expression mal formulée d'une inquiétude. Alors elle a clarifié ce qu'elle voulait dire, il lui a demandé d'être plus délicate à ce sujet à l'avenir, et le reste de la journée s'est bien passé. Problème résolu.

Malgré cela, il est important de noter que bien des femmes ont indiqué leur frustration à l'égard de l'orientation masculine vers le but, comme en font foi ces citations:

- «Leur désir de résoudre les problèmes éclipse toute tentative de communiquer.»
- «Les hommes sont beaucoup trop orientés vers un but au lit. Je veux qu'ils prennent leur temps. Et ils veulent aller droit au but.»

Ces femmes ont raison, trop d'une bonne chose peut être mauvais. Mais bien des femmes semblent apprécier que les hommes soient axés vers le but, quand c'est de façon modérée, comme en attestent celles-ci:

- «L'aspect positif dans le fait que les hommes sont moins volubiles que les femmes est qu'ils sont plus portés à être directs au sujet d'un problème.»
- «J'aime la simplicité des hommes et qu'ils mettent l'accent sur la résolution de problème.»
- «J'aime vraiment que les hommes soient des personnes d'action, qu'ils veulent vous aider à régler vos problèmes et offrir des solutions. Si je veux seulement râler à propos de quelque chose, je le dis tout de suite à mon partenaire. Autrement, c'est bien d'avoir une nouvelle perspective pour résoudre un problème.»

Chaque couple doit trouver son équilibre entre traiter un problème et le résoudre. Et cet équilibre change selon la situation. Le couple avisé recherche cet équilibre bière-croustilles. Voici le conseil d'un homme bien en la matière: «Les hommes sont des êtres plus simples, orientés vers le but et menés par la logique. Parfois, nous ne saisissons simplement pas les nuances émotionnelles. Soyez patientes avec nous et nous tenterons d'être patients avec vous aussi.»

• *L'esprit ludique*

Vous souvenez-vous des jardiniers satinés mâles que j'ai mentionnés au chapitre 4? Pour attirer l'attention des femelles, les oiseaux mâles construisent de belles structures sur le sol de la forêt pour faire valoir leur aptitude à être un compagnon, laquelle est influencée par leur intelligence. Vous vous souvenez peut-être qu'au même chapitre, j'ai dit que l'humour est une des façons dont les hommes montrent leur intelligence et leur aptitude afin d'attirer les femmes. Vous nous aimez davantage quand nous vous faisons rire.

Les jardiniers satinés mâles n'entretiennent pas leurs constructions après l'accouplement. Leurs petites tonnelles disparaissent avec le vent, je suppose. Mais c'est une autre histoire pour les hommes. Nous ne maintenons pas la même intensité dans nos tentatives de vous impressionner à mesure qu'évolue la relation (il faut être un homme pour savoir comme c'est difficile), mais nous voulons continuer à nous amuser et à vous faire rire.

Dans mon sondage, c'est un des thèmes sur lequel hommes et femmes semblaient amplement d'accord. Les hommes veulent se détendre et avoir du plaisir avec la femme de leur vie, et les femmes ont indiqué que l'humour est un des traits qu'elles admirent le plus chez un homme. Cependant, plusieurs hommes ont dit être frustrés parce qu'il semble souvent que leurs partenaires ne veulent pas être enjouées. Ce commentaire résume ce sentiment: «Les femmes peuvent se plaindre sans cesse et à répétition, ce qui est lassant. Pourquoi ne pas parler des bonnes choses, relaxer et profiter de nos moments ensemble? Je ne vois pas comment échanger des émotions négatives peut approfondir la relation.»

Cet homme reflète un sentiment répandu, mais je crois qu'il ne saisit pas quelque chose dans la deuxième partie de son énoncé. Jusqu'à un certain point, échanger des émotions négatives peut rapprocher. Tout de même, son énoncé reflète une frustration que bien des hommes m'ont confiée: les femmes de leur vie semblent réticentes à jouir des bons moments de la vie.

Je suis toujours plus optimiste pour l'avenir d'un couple quand il a réussi à maintenir son esprit ludique à travers les temps difficiles. Heureusement, même quand on le perd, l'esprit ludique est l'un des atouts les plus faciles à récupérer dans une relation, et les hommes bien sont habituellement plus que prêts à ouvrir la voie. Après tout, nous vivons pour vous rendre heureuses.

Le meilleur des deux

J'aimerais terminer ce chapitre par un petit exercice de réflexion. Supposez qu'il y ait deux îles, chacune avec toutes les commodités de la vie moderne. Sur une île vivent dix mille hommes et aucune femme, et sur l'autre, dix mille femmes et aucun homme. De quoi auraient l'air, d'après vous, ces sociétés après quelques décennies?

Je crois que l'île des hommes serait un endroit solitaire, probablement jonché de chaussettes sales. Bien sûr, nous aurions du plaisir à construire des pistes de course et des stades de football, mais la partie la plus importante de notre vie nous manquerait. Nous manquerions de buts. Et, comme les hommes qui évitent les femmes dans le monde réel, nous mourrions probablement plus tôt que nous le devrions (Kaplan et Kronick, 2006).

Pour ce qui est de l'île des femmes, je ne peux que supposer qu'elle serait confortable mais incomplète. Les femmes pourraient trouver que notre débrouillardise, nos perspectives différentes et notre capacité de fabriquer des objets ménagers avec du ruban adhésif leur manquent.

Des décennies de recherche ont montré que le mariage donne aux hommes et aux femmes des vies plus longues et plus heureuses. Les gens mariés sont moins susceptibles d'avoir une pneumonie, le cancer ou des crises cardiaques, ou de subir une opération (Parker-Pope, 2010). Il est important de noter que la qualité de la relation importe. Un mariage stressé peut faire plus de tort à la santé d'une personne que pas de mariage du tout. En outre, la recherche récente suggère que certains des avantages de la vie conjugale s'appliquent également aux conjoints de fait

(Musick et Bumpass, 2012). Tout cela revient à ceci: nous, hommes et femmes, sommes plus heureux et en santé quand nous nous avons les uns les autres.

Heureusement, nous ne vivons pas sur des îles séparées. Je crois que c'est spécialement heureux pour les hommes. Et ce n'est pas un mauvais parti pour les femmes non plus, puisque la plupart des hommes sont assez faciles à vivre, si vous savez comment nous fonctionnons. Tout ce que nous demandons, c'est l'acceptation, l'amour et un peu de reconnaissance. La seule autre chose que désire un homme bien est de rendre la pareille.

Épilogue

J'aimerais laisser le dernier mot aux hommes bien qui ont anonymement et généreusement fait part de leurs réflexions pendant que je rédigeais ce livre. Ce qui suit est quelques-uns des commentaires que je n'ai pas encore inclus. Malheureusement, il n'y a pas de place pour tous.

Je ne sais pas grand-chose des hommes dont les mots apparaissent ici, sauf quelques faits épars: ils avaient entre 17 et 70 ans, et ils étaient réfléchis et expressifs. Au-delà de cela, je pense qu'on peut présumer que ce sont des hommes bien qui font de leur mieux dans leurs relations et leur vie.

Certains étaient clairement en difficulté dans leurs relations, mais d'après le ton et le contenu de leurs commentaires, on peut présumer sans risque que peu d'entre eux, s'il en est, luttaient avec le type de choses qui font qu'un homme n'est pas préparé à une relation. La profondeur et le sérieux de leurs réponses ne sont pas caractéristiques de ce qu'on pourrait entendre de la part d'hommes pris dans des luttes contre des problèmes comme la dépendance, l'incarcération et la violence.

Il faut garder à l'esprit que mon sondage en ligne était difficilement scientifique. Les hommes et les femmes qui ont répondu se sont choisis eux-mêmes. Ils sont tous tombés sur le sondage par des canaux semblables, et ils sont probablement du même style, de façon non quantifiée.

Quoi qu'il en soit, j'ai noté une différence de ton entre les femmes et les hommes qui exprimaient un mécontentement envers le sexe opposé. Plus de femmes ont exprimé de la colère envers les hommes que l'inverse, et les expressions de colère des femmes étaient généralement plus intenses. Par exemple, une femme a écrit: «Je ne suis pas certaine d'aimer quoi que ce soit des hommes, mais je vis sur la même planète, alors je suis au moins polie, en général.»

Même si des hommes étaient acérés dans leur frustration par rapport aux femmes, ils exprimaient plus souvent du désespoir et de la résignation. Ils exprimaient parfois leur frustration de façon humoristique, comme l'homme qui a écrit: «Je comprends tout des femmes, excepté toutes ces choses bizarres qu'elles font.» Il y avait quelques hommes âgés qui ont indiqué être piégés dans un mariage avec des femmes incapables d'être heureuses, alors ils avaient abandonné d'essayer. Il y avait une profonde tristesse dans leurs mots.

La bonne nouvelle est que, des deux côtés, la colère et le désespoir étaient largement éclipsés par la curiosité et l'admiration, même si cela était teinté de quelques frustrations. Je vais commencer par les choses que les hommes souhaitent que les femmes comprennent à propos de l'esprit masculin, et je vais garder les commentaires les meilleurs et les plus élogieux pour la fin.

CE QUE LES HOMMES VEULENT QUE LES FEMMES SACHENT SUR LA COMMUNICATION

L'une des questions que j'ai posées aux hommes était: «Qu'aimeriez-vous que les femmes comprennent au sujet de la façon dont les hommes pensent ou communiquent?»

- «Je crois que les hommes sont des êtres assez simples que les femmes essaient de compliquer. Je sais que je généralise, mais je crois que c'est vrai. Les hommes ont une pensée linéaire, et s'il y a trop d'information, nous devenons confus. Nous avons besoin de focus en parlant.»
- «Notre style de communication est différent du vôtre. Nous faisons de notre mieux pour vous comprendre et, en majorité, nous comprenons, même si nous n'en avons pas l'air. Nous n'avons pas toujours les réponses ou nous ne

savons pas exactement la bonne façon de répondre, mais nous voulons vous aider. Ne nous attaquez pas quand nous tentons d'aider parce que nous serons moins portés à être attentifs à l'avenir.»

- «Je trouve que les femmes ont tendance à être faussement timides concernant leurs désirs. Je ne peux pas tout deviner. Le sarcasme et le comportement passif-agressif me laissent confus et perplexe.»
- «Il est peut-être vrai que les femmes communiquent davantage, mais la quantité ne garantit pas la qualité. Ce serait utile si les femmes étaient plus directes à propos de ce qu'elles veulent ou de ce qu'elles ont besoin. Si vous voulez que j'écoute seulement, dites-le-moi sans détour. Je vais écouter. Si vous voulez discuter de quelque chose de sérieux avec moi, faites en sorte de résumer et d'utiliser un langage direct. Ne vous occupez pas de mes sentiments, je vous aime et je peux encaisser la vérité. Et dites-moi d'éteindre la télé si vous voulez parler.»
- «Si vous voulez vraiment savoir ce que nous pensons et que vous insistez, ne soyez pas surprises de ne pas aimer la réponse. Nous la gardions probablement pour nous parce que nous savions que vous seriez blessées. Ce n'est rien de personnel, cependant.»
- «Nous ne sommes pas aussi habiles ou habitués à ce qui est verbal. Un peu d'empathie, peut-être? Tu n'hésites pas à me demander de porter les paquets, et ça me va parce que je suis plus fort et que je me sens apprécié. Mais quand nous avons une dispute, c'est comme si je jouais seul contre LeBron James. Pourquoi dois-tu gagner chaque dispute?»
- «Avec les hommes, vous savez à quoi vous attendre. Un tas de malentendus sont causés par les femmes qui voient les hommes comme elles veulent qu'ils soient, plutôt que comme ils sont réellement.»

- «Certains d'entre nous n'ont pas été élevés pour être ouverts avec leurs sentiments. Aidez-nous; ne nous jugez pas.»

CE QUE LES HOMMES SOUHAITENT QUE LES FEMMES COMPRENNENT

J'ai aussi demandé aux hommes: «Que croyez-vous que les femmes ne comprendront jamais réellement au sujet des hommes?»

- «La réaction rapide aux attraits féminins et la difficulté que les hommes peuvent avoir à contrôler leur réaction.»
- «La libido et l'ambition personnelle.»
- «La puissance de l'attirance sexuelle féminine.»
- «Le désir constant d'intimité physique.»
- «Je ne crois pas que les femmes comprendront jamais la libido d'un homme. La testostérone est un maître sans merci.»
- «J'aimerais que les femmes comprennent les tendances d'un homme à décomposer une situation en ses éléments de base et à analyser chaque chose avant de prendre une décision.»
- «Le rôle que joue l'honneur dans la vie d'un homme, y compris dans ses relations professionnelles et personnelles, et sa place dans la société.»
- «Je ne crois pas que les femmes comprennent comment nous laissons les choses nous couler sur le dos et passons à autre chose.»
- «Les pires moments sont le temps qu'il faut aux femmes pour se sentir bien de nouveau après un conflit. Il faut parfois des semaines, mon vieux!»
- «Les femmes ne comprendront jamais le besoin des hommes d'être en silence de temps à autre. Si elles ne nous

entendent pas parler, elles présument que ça ne va pas. C'est faux, bien sûr. Il nous faut parfois juste un peu de temps pour réfléchir aux choses et les organiser dans notre tête avant de parler à notre partenaire.»

- «Notre besoin d'être seuls, d'avoir notre propre façon de faire les choses et d'avoir notre propre identité.»
- «Je ne crois pas qu'elles comprennent qu'un homme a besoin d'être seul à l'occasion ou en compagnie d'autres hommes.»

Conseils d'hommes aux femmes

Je n'ai pas demandé aux hommes des conseils sur les relations, mais j'aurais dû le faire. Plusieurs m'ont offert des idées utiles. En voici quelques-unes:

- «La simplicité peut vraiment être une chose merveilleuse.»
- «Le silence est parfois la meilleure stratégie.»
- «Si vous voulez de la franchise, ne la punissez pas.»
- «Ne faites pas une pathologie de notre intérêt pour autre chose que l'émotion.»
- «Notre testostérone nous rend aveugles à vos défauts. Vos seules vraies critiques sont les autres femmes. Cessez de suranalyser.»
- «Tout ce qu'un homme veut est de sentir qu'on a besoin de lui de temps à autre.»
- «Quand tu es négative à propos de la vie, ça me fait croire que je devrais alléger ton fardeau et m'en exclure moi-même.»
- «Les hommes ont besoin d'espace périodiquement pour pouvoir se rapprocher. Quand un homme est en retrait pour un certain temps, ce n'est pas toujours ou nécessairement parce que vous avez fait quelque chose de mal, il a

probablement besoin de sentir sa propre autonomie de nouveau. Un homme a besoin de se sentir lui-même, et seulement lui-même, de temps à autre dans un processus de rapprochement.»

- «Les hommes ne sont pas faits pour être comme les femmes. Le féminisme a convaincu les femmes que les hommes devraient être comme elles. Ce n'est pas mauvais d'être différents.»
- «Être exigeante ou être en droit n'est pas attrayant parce que cela élimine la capacité d'être reconnaissante. Les hommes ont besoin d'être remerciés et encouragés pour ce qu'ils font. Une fois qu'une femme s'attend à ce qu'un homme fasse juste des choses pour elle, alors il est difficile pour cet homme de continuer à les faire, peu importe à quel point il l'aime.»
- «Je suis heureux et satisfait d'être dans la même pièce que toi. Notre présence physique ensemble suffit souvent à me faire sentir bien. Alors je n'éprouve pas le besoin autant que toi de *connecter* verbalement. Je suis connecté, simplement en étant assis à tes côtés.»

CE QUE LES HOMMES AIMENT DES FEMMES

Finalement, j'ai demandé aux hommes ce qu'ils aiment le plus chez les femmes, et ils ont répondu ouvertement. Il semble que nous vous aimons – beaucoup. Voici une courte liste des raisons pour lesquelles vous gagnez toujours notre cœur:

- «Nous, les hommes, sommes souvent des êtres difficiles et, étrangement, les femmes semblent vouloir nous aimer malgré nos défauts. Je n'aurai jamais trop de gratitude pour cela.»
- «J'aime comment certaines femmes ne réalisent pas à quel point elles sont belles et gracieuses. J'aime comment, en tant qu'hommes, nous ne comprendrons jamais pleinement les êtres mystérieux que sont les femmes, mais je

suis impatient de passer ma vie à essayer d'en connaître pleinement seulement une.»

- «J'aime comme leur toucher peut être si tendre. J'aime la sensation de leurs corps (de toutes les formes et tailles!), et j'aime lorsqu'elles parlent de leurs sentiments.»
- «Un des meilleurs moments avec une femme est la première fois où vous lui prenez la main et qu'elle prend la vôtre.»
- «Les femmes doivent comprendre que les hommes préfèrent être avec elles que presque n'importe où.»
- «La vue de certaines femmes peut me faire oublier mon nom. La seule chose qui est mieux que ça, c'est lorsque ces mêmes femmes peuvent s'entretenir sur divers sujets.»
- «J'aime presque tout à propos d'elles.»
- «Leur intelligence. Une fille intelligente vaut la terre entière et plus encore!»
- «Les meilleurs moments autres que ceux passés au lit sont les moments simples, comme faire l'épicerie dans un marché ouvert, puis de rentrer à la maison pour cuisiner et manger ensemble. C'est ça la vie.»
- «Leur odeur, leur peau douce et leur toucher tendre. Parfois, quand on regarde leurs yeux, on peut voir jusqu'à leur âme.»
- «J'aime qu'on se blotisse l'un contre l'autre après le sexe. Étonnamment, les hommes aiment simplement se détendre après. Nous ne vous tenons pas serrée contre nous et ne parlons pas tout le temps, mais il est bon de vous avoir près de nous au lit.»
- «Leur douceur, tant du corps que de l'esprit. Il est attirant de voir une femme qui a besoin seulement d'un peu d'aide. Je ne veux pas une invalide, mais j'aime ouvrir les pots et les portes pour elle. Il fait bon de la voir sourire parce que j'ai pu faire une petite chose pour elle.»

- «Les courbes, les sourires, les yeux, les rires, la douceur et la tendresse. Qu'elles me recherchent pour la sécurité et la compagnie, et la façon dont elles me font tressaillir le cœur.»
- «Présenter ma femme à ma famille a été l'une des plus belles journées de ma vie.»
- «Avoir un câlin et un baiser à l'instant où je rentre du travail.»
- «Qu'elles puissent faire que tout semble aller mieux par une seule étreinte. Qu'elles aient le pouvoir de faire fondre un homme d'un seul sourire.»
- «Leur façon de marcher, de parler, de sentir et de voir le monde et, bien sûr, leur corps, peu importe la forme.»
- «Les femmes sont généralement douces, gentilles, aimantes, délicates et en santé, et la façon dont elles peuvent paraître parfois si gracieuses, sans effort, est tout à fait époustouflante.»
- «Les meilleurs moments sont au lit, avant de s'endormir, quand elle appuie sa tête sur mon épaule et pousse un soupir. Cela me dit qu'elle est heureuse et en sécurité dans mes bras. »
- «Sans les femmes, les hommes seraient perdus. Elles nous donnent le but dont nous avons besoin pour vivre une vie honnête et qui a un sens.»

Je ne peux rien à ajouter à cela.

Bibliographie

Baker, M.D. et J.K. Maner. 2008. «Risk-taking as a Situationally Sensitive Male Mating Strategy.» *Evolution and Human Behavior* 29:391-395.

Baumeister, R. 2010. *Is There Anything Good About Men? How Cultures Flourish by Exploiting Men*. New York: Oxford University Press.

Baut, N. et H. Hofmeister. 2008. «Some Like Them Hot: How Germans Construct Male Attractiveness.» *Journal of Men's Studies* 16:280-300.

Benenson, J.F. et A. Heath. 2006. «Boys Withdraw More in One-on-One Interactions, Whereas Girls Withdraw More in Groups.» *Developmental Psychology* 42:272-282.

Brody, S. 2010. «The Relative Health Benefits of Different Sexual Activities.» *Journal of Sexual Medicine* 7:1336-1361.

Buss, D.M. 1998. «Sexual Strategies Theory: Historical Origins and Current Status.» *Journal of Sex Research* 35:19-31.

Campbell, L. et B.J. Ellis. 2005. «Commitment, Love, and Mate Retention.» In *The Handbook of Evolutionary Psychology,* édité par D.M. Buss. Hoboken, NJ: John Wiley and Sons.

Catsambis, S. 2005. «The Gender Gap in Mathematics.» In *Gender Differences in Mathematics: An Integrative Psychological Approach,* édité par A.M. Gallagher et J.C. Kaufman. Cambridge UK: Cambridge University Press.

Ceci, S.J. et W.M. Williams. 2010. «Sex Differences in Math-Intensive Fields.» *Current Directions in Psychological Science* 19:275-279.

Clarke, J.N. 2009. «The Portrayal of Depression in Magazines Designed for Men.» *International Journal of Men's Health* 8:202-212.

Coleman, D., M.S. Kaplan et J.T. Casey. 2011. «The Social Nature of Male Suicide: A New Analytic Model.» *International Journal of Men's Health* 10:240-252.

Davis, E., E. Greenberger, S. Charles, C. Chen, L. Zhao, et Q. Dong. 2012. «Emotion Experience and Regulation in China and the United States: How Do Culture and Gender Shape Emotional Responding.» *International Journal of Psychology* 47:230-239.

Deary, I.J., G. Thorpe, V. Wilson, J.M. Starr et L.J. Walley. 2003. «Population Sex Differences in IQ at Age 11: The Scottish Mental Survey 1932.» *Intelligence* 31:533-542.

Dunn, M.J. et R. Searle. 2010. «Effects of Manipulated Prestige-Car Ownership on Both Sex Attractiveness Ratings.» *British Journal of Psychology* 101:69-80.

Else-Quest, N., A. Higgins, C. Allison et L.C. Morton. 2012. «Gender Differences in Self-Conscious Emotional Experience: A Meta-Analysis.» *Psychological Bulletin* 5:947-981.

Fisher T.D., Z.T. Moore et M. Pittenger. 2012. «Sex on the Brain? An Examination of Frequency of Sexual Cognitions as a Function of Gender, Erotophilia, and Social Desirability.» *Journal of Sex Research* 49:69-77.

Frankenhuis, W.E. et J.C. Karremans. 2012. «Uncommitted Men Match Their Risk Taking to Female Preferences, While Committed Men Do the Opposite.» *Journal of Experimental Social Psychology* 48:428-431.

Gallup, G.G., R. L. Burch et T.J. Berens Michell. 2006. «Semen Displacement as a Sperm Competition Strategy: Multiple Mating, Self-Semen Displacement, and Timing of In-Pair Copulations.» *Human Nature* 17:253-264.

Gangestad, S.W. et R. Thornhill. 2003. «Facial Masculinity and Fluctuating Asymmetry.» *Evolution and Human Behavior* 24:231-241.

Gangestad, S.W., R. Thornhill et C.E. Garver-Apgar. 2010. «Men's Facial Masculinity Predicts Changes in Their Female Partners' Sexual Interests Across the Ovulatory Cycle, Whereas Men's Intelligence Does Not.» *Evolution and Human Behavior* 31:412-424.

Garaigordobil, M. 2009. «A Comparative Analysis of Empathy in Childhood and Adolescence: Gender Differences and Associated Socio-emotional Variables.» *International Journal of Psychology and Psychological Therapy* 9:217-235.

Giblin, P. 2011. «Men Making and Keeping Commitments.» *American Journal of Family Therapy* 39:124-138.

Green, J.D. et M.E. Addis. 2012. «Individual Differences in Masculine Gender Socialization as Predictive of Men's Psychophysiological Responses to Negative Affect.» *International Journal of Men's Health* 11:63-82.

Greengross, G. et G. Miller. 2011. «Humor Ability Reveals Intelligence, Predicts Mating Success, and Is Higher in Males.» *Intelligence* 39:188-192.

Guéguen, N. et L. Lamy. 2012. «Men's Social Status and Attractiveness: Women's Receptivity to Men's Date Requests.» *Swiss Journal of Psychology* 71:157-160.

Harskamp, E., N. Ding et C. Suhre. 2008. «Group Composition and Its Effect on Female and Male Problem-Solving in Science Education.» *Educational Research* 50:307-318.

Huoviala, P. et M.J. Rantala. 2013. «A Putative Human Pheromone, Androstadienone, Increases Cooperation Between Men.» *PLoS ONE* 8(5):e62499.

Kaplan, R.M. et R.G. Kronick. 2006. «Marital Status and Longevity in the United States Population.» *Journal of Epidemiology and Community Health* 60:760-765.

Keagy, J., J.F. Savard et G. Borgia. 2009. «Male Satin Bowerbird Problem-Solving Ability Predicts Mating Success.» *Animal Behavior* 78:809-817.

Kring, A.M. et A.H. Gordon. 1998. «Sex Differences in Emotion Expression, Experience, and Physiology.» *Journal of Personality and Social Psychology* 74:686-703.

Kuhn, S.L. et M.C. Stiner. 2006. «What's a Mother to Do?» *Current Anthropology* 47:953-980.

Lehrer, J. 2012. «Groupthink.» *New Yorker*, Jan. 30, 22.

Li, N.P., V. Griskevicius, K.M. Durante, P.K. Jonason, D.J. Pasisz et K. Aumer. 2009. «An Evolutionary Perspective on Humor: Sexual Selection or Interest Indication?» *Personality and Social Psychology Bulletin* 35:923-936.

Lin, W.L., K.Y. Hsu, H.C. Chen et J.W. Wang. 2012. «The Relations of Gender and Personality Traits on Different Creativities: A Dual-Process Theory Account.» *Psychology of Aesthetics, Creativity, and the Arts* 6:112-123.

Little, K.C., J.K. McNulty et M. Russel. 2010. «Sex Buffers Intimates Against the Negative Implications of Attachment Insecurity.» *Personality and Social Psychology Bulletin* 36:484-498.

McIntyre, M.H., A.Y. Li, J.F. Chapman, S.F. Lipson et P.T. Ellison. 2011. «Social Status, Masculinity, and Testosterone in Young Men.» *Personality and Individual Differences* 51:392-396.

Murdock, G.P. 1967. *Ethnographic Atlas.* Pittsburgh: University of Pittsburgh Press.

Musick, K. et L. Bumpass. 2012. «Reexamining the Case for Marriage: Union Formation and Changes in Well-Being.» *Journal of Marriage and Family* 74:1-18.

Nummi, P. et J. Pellikka. 2012. «Do Female Sex Fantasies Reflect Adaptations for Sperm Competition?» *Annales Zoologici Fennici* 49:93-102.

Osborn, A. 1948. *Your Creative Power: How to Use Imagination.* New York: Charles Scribner's Sons.

Palmer, C.T. et C.F. Tilly. 1995. «Access to Females as a Motivation for Joining Gangs: An Evolutionary Approach.» *Journal of Sex Research* 32:213-217.

Parker-Pope, T. 2010. «Is Marriage Good for Your Health?» *New York Times Magazine*, April 18, 46.

Prokosch, M.D., R.G. Coss, J.E. Scheih et S.A. Blozis. 2009. «Intelligence and Mate Choice: Intelligent Men Are Always Appealing.» *Evolution and Human Behavior* 30:11-20.

Root, B.L. et J.J. Exline. 2011. «Gender Differences in Response to Experimental Forgiveness Prompts: Do Men Show Stronger Responses Than Women?» *Basic and Applied Social Psychology* 33:182-193.

Roszkowski, M.J. 2010. «Gender Differences in Personal Income and Financial Risk Tolerance: How Much of a Connection?» *Career Development Quarterly* 58:270-275.

Schmitt, D.P. 2005. «Fundamentals of Human Mating Strategies.» In *The Handbook of Evolutionary Psychology,* édité par D.M. Buss. Hoboken, NJ: John Wiley and Sons.

Schmitt, D.P. et 118 membres d'International Sexuality Description Project. 2003. «Universal Sex Differences in the Desire for Sexual Variety: Tests from 52 Nations, 6 Continents, and 13 Islands.» *Journal of Personality and Social Psychology* 85:85-104.

Shackelford, T.K., D.P. Schmitt et D.M. Buss. 2005. «Universal Dimensions of Human Mate Preferences.» *Personality and Individual Differences* 39:447-458.

Simon, R.W. et A.E. Barrett. 2010. «Nonmarital Romantic Relationships and Mental Health in Early Adulthood: Does the Association Differ for Women and Men?» *Journal of Health and Social Behavior* 51:168-182.

Smith, A., J. Ferris, J. Richters, M. Pitts, J. Shelley et J.M. Simpson. 2011. «Sexual and Relationship Satisfaction Among Heterosexual Men and Women: The Importance of Desired Frequency of Sex.» *Journal of Sex and Marital Therapy* 37:104-115.

Smith, S. 2011. *The User's Guide to the Human Mind : Why Our Brains Make Us Unhappy, Anxious, and Neurotic, and What We Can Do About It*, Oakland, CA: New Harbinger.

Starratt, V.G. et T.K. Shackelford. 2012. «He Said, She Said: Men's Reports of Mate Value and Mate Retention Behaviors in Intimate Relationships.» *Personality and Individual Differences* 53:459-462.

Stenstrom, E., G. Saad, M.V. Nepomuceno et Z. Mendenhall. 2011. «Testosterone and Domain-Specific Risk: Digit Ratios (2D:4D et Rel2) as Predictors of Recreational, Financial, and Social Risk-Taking Behaviors.» *Personality and Individual Differences* 51:412-416.

Taylor, D.W., P.C. Berry et C.H. Block. 1958. «Does Group Participation When Using Brainstorming Facilitate or Inhibit Creative Thinking?» *Administrative Science Quarterly* 3:23-47.

Tovée, M.J. et P.L. Cornelissen. 2001. «Female and Male Perceptions of Female Physical Attractiveness in Front-View and Profile.» *British Journal of Psychology* 92:391-402.

Van Vugt, M., D. De Cremer et D.P. Janssen. 2007. «Gender Differences in Cooperation and Competition: The Male Warrior Hypothesis.» *Psychological Science* 18:19-23.

Watkins, C.D. et B.C. Jones. 2012. «Priming Men with Different Contest Outcomes Modulates Their Dominance Perceptions.» *Behavior Ecology* 23:539-543.

Wegner, D.M., D.J. Schneider, S.R. Carter et T.L. White. 1987. «Paradoxical Effects of Thought Suppression.» *Journal of Personality and Social Psychology* 53(1):5-13.

Wilbur, C.J. et L. Campbell. 2011. «Humor in Romantic Contexts: Do Men Participate and Women Evaluate?» *Personality and Social Psychology Bulletin* 37:918-929.

Wilder, J.A., Z. Mobasher et M.F. Hammer. 2004. «Genetic Evidence for Unequal Effective Population Sizes of Human Females and Males.» *Molecular Biology and Evolution* 21:2047-2057.

Wilson, M. et M. Daly. 1985. «Competitiveness, Risk Taking, and Violence: The Young Male Syndrome.» *Ethnology and Sociobiology* 6:59-73.

Achevé d'imprimer
sur les presses de
Imprimerie H.L.N.
Imprimé au Canada - Printed in Canada